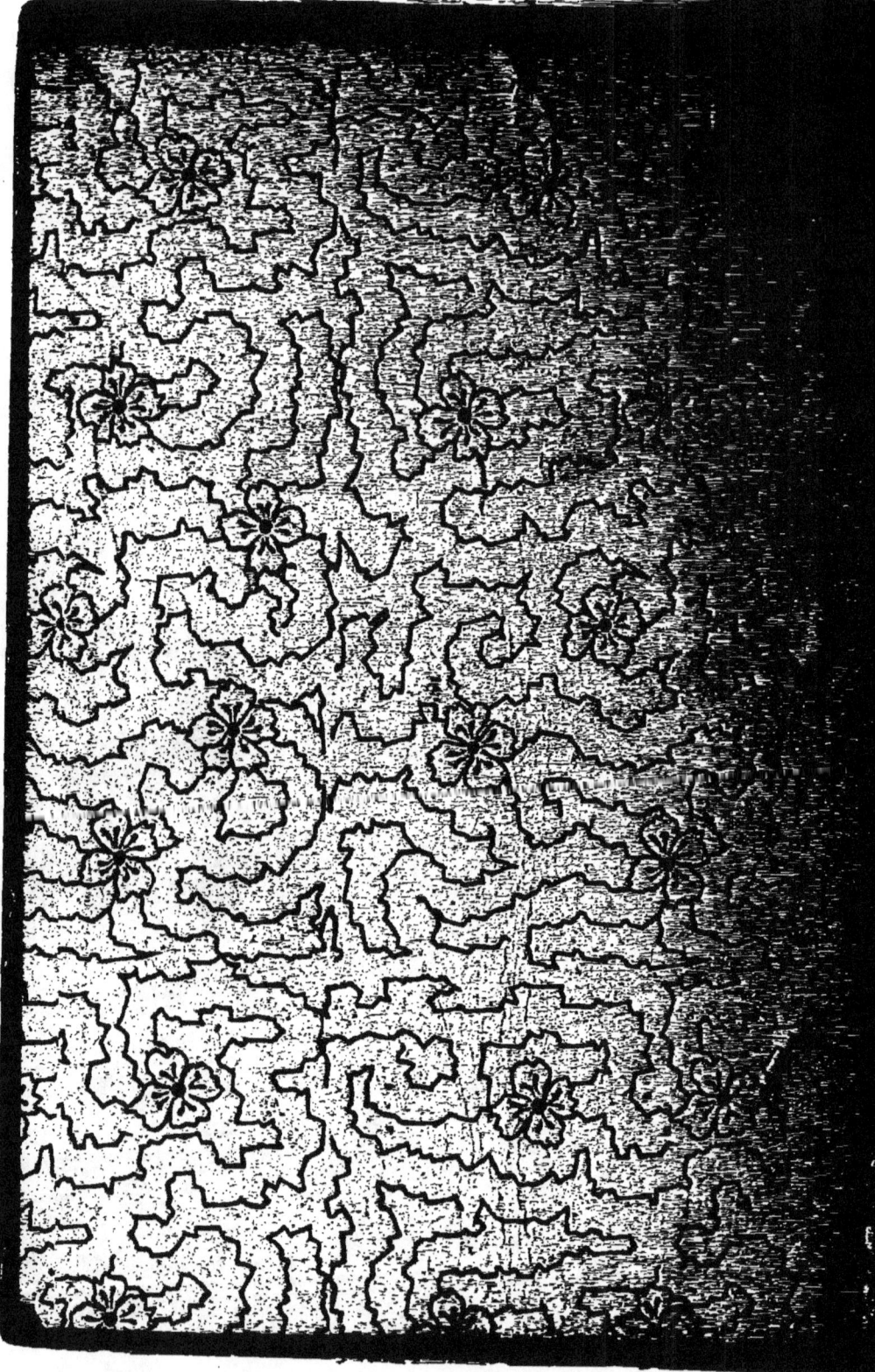

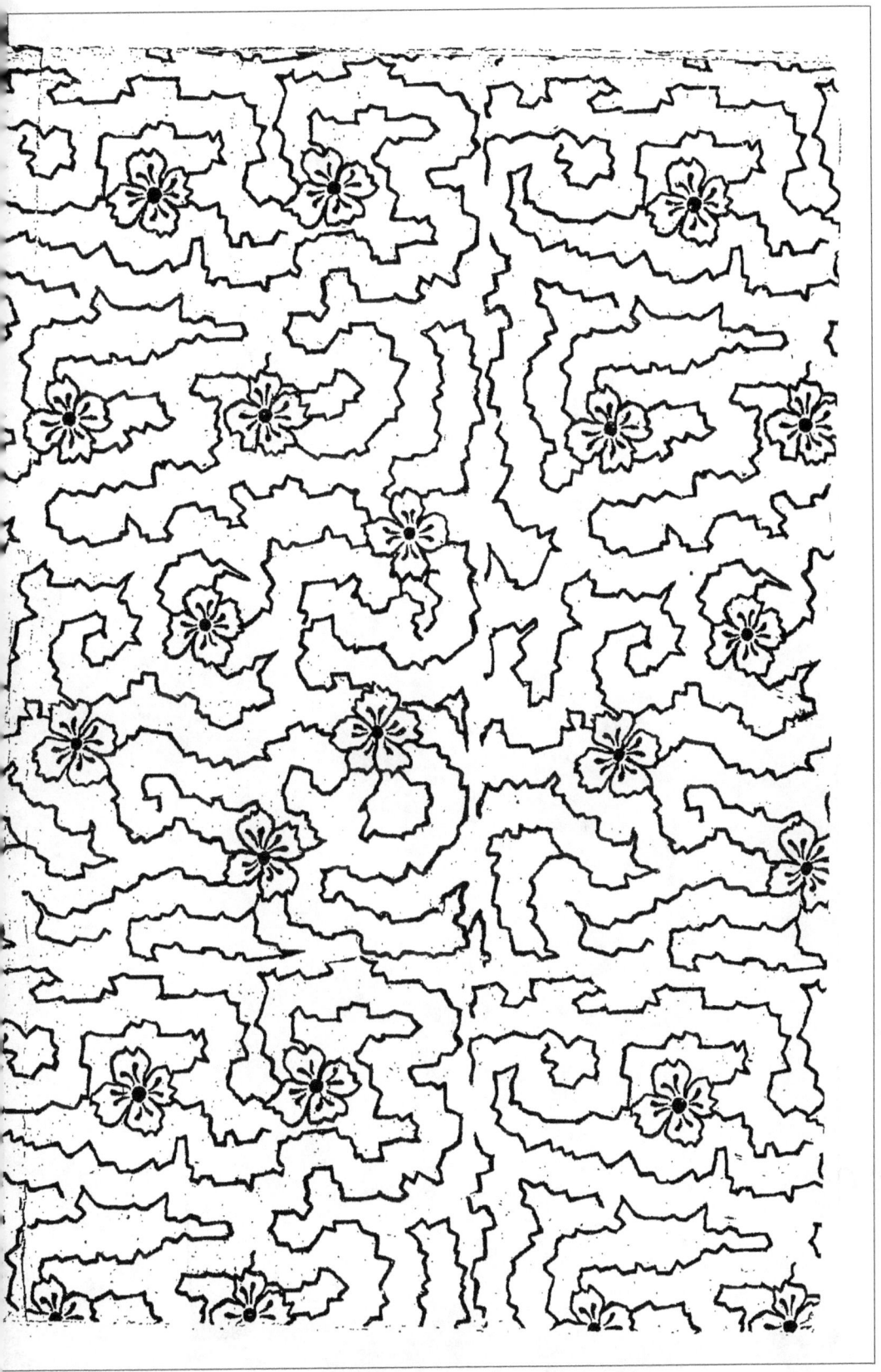

ANDRÉ THEURIET

JULES BASTIEN-LEPAGE

L'HOMME ET L'ARTISTE

Avec un portrait et un autographe

PARIS

G. CHARPENTIER ET Cie, ÉDITEURS

13, RUE DE GRENELLE, 13

1885

JULES BASTIEN-LEPAGE

L'HOMME ET L'ARTISTE

ANDRÉ THEURIET

JULES BASTIEN-LEPAGE

L'HOMME ET L'ARTISTE

Avec un portrait et un autographe

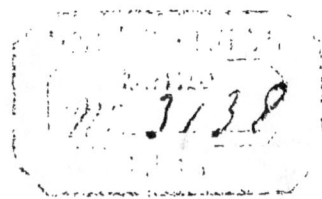

PARIS

G. CHARPENTIER ET Cⁱᵉ, ÉDITEURS

13, RUE DE GRENELLE, 13

1885

JULES BASTIEN-LEPAGE

L'HOMME ET L'ARTISTE

Au mois de juin 1856, les hasards d'un noviciat administratif m'avaient condamné à habiter pendant six semaines un bourg de la Meuse qui a nom Damvillers et qui se trouve à mi-chemin de Verdun et de Montmédy. Damvillers, jadis fortifié, a eu l'honneur d'être assiégé par Charles-Quint, mais rien aujourd'hui n'y rappelle plus ces belliqueux souvenirs. La physionomie de ce gros village est toute pacifique et campagnarde. La population y est exclusivement agricole; les vergers, qui occupent l'emplacement des anciennes fortifications, forment une couronne verdoyante autour des maisons éparses au milieu d'une vallée où un tranquille ruisseau, la Tinte, serpente à travers des prés et des oseraies. A droite, un coteau de vignes en dos de chameau; à gauche, une suite de collines boisées aux plans inclinés et fuyants, enserrent le bourg dans une sorte de cirque de dimensions modestes. L'horizon est borné et le paysage assez plat. Les collines, grises ou bleuâtres, sont basses; la monotonie des prés et des champs n'est coupée çà et là que par des files de peupliers ébranchés aux profils anguleux et grêles. Les rues, boueuses, solitaires, bordées de maisons de cultivateurs aux façades peintes en gris ou en jaune sale, ont la même physionnomie effacée que le paysage. — Pour un garçon de vingt-deux ans, il n'y avait là rien de particulièrement attrayant. Je passais des soirées mélancoliques, accoudé à ma fenêtre, regardant le crépuscule descendre sur les toits de tuile brune qui encadraient platement le parallélogramme irrégulier de la grande place maussade. — Dans un coin, une massive voiture verte de marchand ambulant sommeillait à côté d'un déballage de faïences, dont la blancheur vernissée s'allumait parfois au reflet des croisées illuminées de l'auberge voisine. Ma seule distraction consistait à écouter le caquetage des fillettes assises à la porte du ferblantier, ou à suivre les ébats d'un groupe d'enfants de huit à dix ans, jouant à la balle le long du mur de la halle aux grains. Je ne me doutais guère alors qu'au nombre de ces gamins à la blouse déchirée et aux cheveux blonds en broussailles, se trouvait un des maîtres futurs de la peinture contemporaine, et que ce nom de Bastien, jeté chaque soir par des voix enfantines et répété par l'écho de la place solitaire, serait plus tard connu et acclamé dans le monde entier par tous ceux qui s'intéressent à l'art et aux artistes.

Jules Bastien-Lepage est né à Damvillers, le 1ᵉʳ novembre 1848, dans une maison qui forme l'un des angles de cette place dont je viens de parler ; — une simple maison de cultivateurs aisés, à la façade jaunâtre et aux volets gris. On pousse la porte d'entrée et on se trouve de plain-pied dans une cuisine, — la vraie cuisine des villages de la Meuse, avec sa haute cheminée surmontée d'ustensiles de ménage, ses rangées de chaudrons de cuivre, sa *maie* pour le pain et son vaisselier garni de faïences coloriées. — La chambre contiguë sert à la fois de salon, de salle à manger et même au besoin de chambre à coucher ; au-dessus sont les chambres de réserve, puis de vastes greniers aux charpentes touffues. — C'est dans la salle du rez-de-chaussée, gaiement exposée au midi, que le peintre des *Foins* et de *Jeanne d'Arc* a ouvert les yeux.

La famille était composée du père, esprit industrieux, sensé et méthodique; de la mère, une femme au cœur d'or et au dévouement infatigable, et du grand-père Lepage, ancien employé des contributions indirectes, qui s'était retiré près de ses enfants. On vivait en commun du modeste produit des champs que les Bastien faisaient valoir eux-mêmes, et de la petite pension de l'aïeul. A cinq ans, Jules commença à manifester son aptitude pour le dessin, et son père s'empressa de cultiver cette disposition naissante. Il avait lui-même le goût des arts d'imitation, employait ses loisirs à de menus travaux exigeant une certaine habileté manuelle, et y apportait l'exactitude scrupuleuse, la consciencieuse attention qui étaient ses qualités dominantes. Dès cette époque, pendant les soirées d'hiver, il exigeait que le marmot, avant de se coucher, copiât au crayon sur le papier un des ustensiles de ménage placés sur la table : la lampe, le broc, l'encrier, etc. Ce fut certainement à cette première éducation de l'œil et de la main que Bastien-Lepage dut cet amour de la sincérité, cette recherche patiente du détail exact qui furent la grande préoccupation de sa vie d'artiste. En poussant son fils à dessiner ainsi chaque jour, le père n'avait pas la moindre idée de faire de lui un peintre. En ce temps-là, et à Damvillers surtout, la peinture n'était pas regardée comme une profession sérieuse. — Le rêve qu'il caressait de compte à demi avec le grand-père, c'était de mettre Jules en état de choisir plus tard une de ces carrières administratives comme les forêts ou les ponts et chaussées, dont l'accès est plus facile à ceux qui possèdent de solides notions de dessin. Aussi, dès qu'il eut onze ans, on songea à lui faire quitter l'école communale et à le placer au collège.

C'était un gros sacrifice, car les ressources de la famille étaient peu considérables, et dans l'intervalle un second garçon était né, mais on redoubla d'économie, et en 1859 Jules put entrer comme pensionnaire au collège de Verdun. La classe de dessin fut celle qu'il suivit avec le plus de zèle. Son professeur fut étonné de la justesse du coup d'œil et de la dextérité de main de son nouvel élève. Quand l'enfant revenait à Damvillers, aux vacances, il dessinait partout : sur les livres, sur les murs, sur les portes. Aujourd'hui encore, les palissades des vergers gardent des traces de ces premiers croquis charbonnés à l'aventure. Sa mère conserve précieusement de petits cahiers pleins de dessins où il avait crayonné dans toutes les poses son frère Émile, alors en bas âge. La pensée de Jules se traduisait constamment par un dessin. Il s'essayait déjà à reproduire à l'aide du crayon certains passages de ses lectures, et sa première composition fut le *Sacrifice d'Abraham*. Les souvenirs classiques hantaient plus alors son esprit que les scènes rustiques entrevues pendant ses longs vagabondages en plein air.

A cet âge, les milieux dans lesquels nous vivons et que l'accoutumance nous a rendus familiers n'excitent ni notre étonnement ni notre imagination, mais ils entrent dans nos yeux et dans notre mémoire, à notre insu, et s'y gravent profondément. Ce n'est que plus tard, par la comparaison et la réflexion, que nous en sentons le charme puissant et la grâce originale. Pendant ses courses à travers champs, Bastien-Lepage recevait les impressions de la vie campagnarde et se les assimilait inconsciemment, comme une nourriture quotidienne. — Les ramasseurs de fagots cheminant sous bois; les pêcheurs de grenouilles, trempés jusqu'aux genoux et traversant les prés avec leur attirail de pêche sur l'épaule; les laveuses tordant leur linge au bord de la Tinte; les faneuses assoupies au pied d'un saule, à l'heure brûlante où l'on apporte la *fromagée* aux ouvriers; les jardins du village en avril, au moment où on les bêche et où les arbres sans feuilles étalent leur ombre maigre sur les plates-bandes, que des impériales et des primevères décorent seules de leurs précoces floraisons; les champs de pommes de terre où les feux de *fanes* desséchées font monter leurs fumées bleues dans les rougeurs des soirs d'octobre : tous ces menus détails de l'existence villageoise entraient dans les yeux de l'enfant, qui les emmagasinait instinctivement dans sa mémoire.

Les études littéraires l'intéressaient peu et il s'était pris, au contraire, d'un goût assez vif pour les mathématiques. Un moment, à l'époque où il achevait sa quatrième, il avait songé à se préparer aux examens de Saint-Cyr. Il n'y a là rien d'étonnant dans un département esssentiellement militaire, dont tous les hommes remarquables ont été des généraux ou des maréchaux. Ce goût, où l'esprit d'imitation avait plus de part que la vocation véritable, lui passa rapidement, et pendant ses dernières années de collège sa pensée dominante fut constamment tournée vers les arts du dessin. Aussi, quand il en eut fini avec sa classe de philosophie, exprima-t-il à ses parents le désir d'aller à Paris étudier la peinture. — Grande fut la stupéfaction dans la maison de Damvillers. Tout en reconnaissant que son fils était un bon dessinateur, le père Bastien persistait à déclarer que la peinture n'était pas une carrière. — Rien d'assuré, un long apprentissage coûteux, et au bout de tout cela neuf chances d'échouer pour une de réussir. Parlez-moi d'un emploi honorable dans une administration de l'État, où l'on est sûr de toucher chaque mois ses appointements et où l'on a la perspective d'une retraite pour ses vieux jours ! — On tint un conseil de famille. Le grand-père lui-même jugeait l'aventure hasardeuse et hochait la tête; la mère était surtout effrayée par les dangers de Paris et la vie de privations à laquelle on y était condamné, mais, vaincue à la fin par la persistance opiniâtre de son fils, elle se hasardait à murmurer timidement : « Pourtant, si c'est l'idée de Jules !... » On trouva un biais qui semblait tout arranger. Un ami de la famille, employé supérieur à l'administration centrale des postes, conseilla à Jules de subir l'examen d'admission dans cette administration, lui promettant, dès qu'il serait reçu, de le faire appeler à Paris, où on l'autoriserait à suivre les cours de l'École des beaux-arts, en dehors des heures de service. On écouta ce conseil, Jules Bastien passa l'examen, fut nommé surnuméraire et partit pour Paris vers la fin de 1867.

Il partageait son temps entre sa besogne de

postier et les cours de l'École. Cela n'alla pas sans de nombreux et désagréables tiraillements ; les exigences de la vie administrative rendaient difficiles des études suivies et sérieuses. Au bout de six mois, il reconnut que ce travail en partie double était impossible. Il fallait opter entre le bureau et l'École ; il n'hésita pas, se fit mettre en disponibilité et, muni d'une lettre d'introduction de M. Bouguereau, il entra à l'atelier Cabanel, après avoir été reçu à l'École avec le numéro 1.

« Tout commencement est douloureux, » a dit Goethe. Bastien-Lepage en fit durement l'expérience. Il avait brûlé ses vaisseaux en quittant l'administration des postes, et il se trouvait seul dans Paris, avec des moyens d'existence très limités. A Damvillers, on s'imposait des privations ; la mère, toujours vaillante, allait elle-même travailler aux champs, afin d'économiser de quoi grossir la petite somme qu'on envoyait tous les mois au jeune peintre ; le conseil général de la Meuse lui avait voté, je crois, 600 francs de pension ; tout cela réuni donnait à peine le

vivre et le couvert. Mais Jules était doué d'une
foi robuste, d'une volonté tenace, d'une gaieté
inaltérable, et ces trois talismans lui aidaient
à supporter vaillamment les moments pénibles
des années d'apprentissage. En 1870, il envoya
au Salon un premier tableau qui passa ina-
perçu. Je viens de revoir cette toile : c'est le
portrait d'un tout jeune homme vêtu d'une
redingote gros vert et noyé dans une lumière
verdâtre. Il est un peu exécuté dans la manière
du portraitiste Ricard ; mais la tête, solide-
ment construite, l'expression du regard, indi-
quent déjà l'artiste qui voit juste et s'applique
à pénétrer dans l'intimité de son modèle.

Peu après, la guerre éclata. Jules Bastien
s'engagea dans la compagnie de francs-tireurs
commandée par le peintre Castellani et fit
courageusement son devoir aux avant-postes.
Un jour, à la tranchée, un obus en éclatant
lui envoya une motte de terre durcie en pleine
poitrine. On le conduisit à l'ambulance, où il
resta pendant le dernier mois du siège, tandis
qu'un autre obus tombait dans son atelier et
y trouait la première de ses compositions :

une nymphe nue, les bras noués autour de sa tête blonde et baignant ses pieds dans l'eau d'une source. — Dès le rétablissement des communications, il se hâta de regagner son village, où il arriva, comme le pigeon de la fable, fourbu,

Traînant l'aile et tirant le pied.

Il y passa le restant de l'année 1871, retrempant dans l'air natal sa santé délabrée, poussant de lointaines excursions jusque dans la Moselle et exécutant de nombreux portraits de parents et d'amis. Il ne rentra à Paris que dans le courant de 1872.

Alors recommença la vie pénible des débuts. Pour arriver à joindre les deux bouts, il cherchait à placer des dessins dans les journaux illustrés; mais sa manière intransigeante de concevoir l'illustration n'était pas pour séduire les éditeurs, qui cherchaient avant tout à plaire au gros public. De guerre lasse, il se mit à peindre des éventails. Un jour, un fabricant de lait antéphélique lui commanda une sorte de tableau allégorique destiné à servir de réclame à son eau de Jouvence. L'artiste, faisant de nécessité vertu, peignit une toile d'une coloration claire et gaie, dans le goût des paysages de Watteau. On y voyait des groupes de jeunes femmes habillées à la moderne se dirigeant vers une fontaine où gambadaient des amours. La composition terminée, Bastien manifesta au fabricant l'intention de l'envoyer tout d'abord au Salon. Celui-ci ne demandait pas mieux, mais à une condition : au-dessus de la fontaine, on devait lire sur une banderole colorée de toutes les nuances de l'arc-en-ciel, le nom du cosmétique et l'adresse de la maison de vente. Bastien s'y refusa naturellement, et l'industriel, frustré de sa réclame, lui laissa le tableau pour compte. Cette toile figura au Salon de 1873 sous le titre de : *Au Printemps*, et, perchée très haut, elle n'attira pas l'attention.

Jules ne se décourageait pas ; seulement il était en proie à cette indécision inquiète et fiévreuse qui est la maladie des débutants. L'enseignement de l'École le troublait, et, grand admirateur de Puvis de Chavannes, il était tenté de s'essayer à la peinture décorative et allégorique. Sa seconde toile : *la Chanson du printemps*, exposée en 1874, est conçue et exécutée sous l'empire de cette préoccupation. — Elle représente une jeune paysanne assise à la lisière d'un bois, bordé par une prairie qui descend vers un village meusien dont on aperçoit au loin les toits de tuile rouge ; la jeune fille, le bras passé dans l'anse d'un panier rustique où des violettes sont éparses, ouvre de grands yeux, tandis que, derrière elle, des enfants nus à ailes de papillon, soufflant dans des pipeaux, lui murmurent la chanson de l'herbe qui pousse et de la puberté qui s'éveille. Cette peinture claire et printanière, demi-réaliste et demi-symbolique, aurait peut-être, malgré son charme naïf, laissé encore le public indifférent, si elle n'avait été accompagnée d'un autre tableau qui mit tout à coup l'artiste en lumière, et fut un des succès du Salon de 1874.

Pendant ses dernières vacances à Damvillers, Bastien-Lepage avait eu l'idée d'exécuter le portrait de son aïeul, en plein air, au milieu du jardinet que le vieillard cultivait avec amour. — Le grand-père était représenté assis dans un fauteuil de jardin, tenant sur ses genoux sa tabatière de corne et son mouchoir à carreaux bleus. Du fond verdoyant des massifs se détachait franchement son originale figure. Le bonnet de velours noir, crânement penché sur l'oreille, laissait voir à plein son visage socratique à l'expression narquoise; ses yeux bleus pétillaient de malice, le nez large et retroussé avait un accent gouailleur que corrigeaient juste à point deux lèvres gourmandes; sa barbe blanche et fourchue s'étalait sur une vieille veste aux tons feuille-morte, et ses mains vivantes se croisaient sur l'étoffe grise du pantalon. — Devant cette peinture sincère, d'une facture si franche, d'une intensité de vie familière si saisissante, le public s'arrêtait charmé, et le nom de Bastien-Lepage, ignoré encore la veille, figurait le lendemain en belle place dans les articles écrits sur le Salon.

II

Ce fut devant ce tableau que je me rencontrai pour la première fois avec Jules. Ayant cherché le nom du peintre sur le livret, j'avais été joyeusement surpris de voir qu'il était Meusien et né dans ce Damvillers où j'avais vécu moi-même. Les terres fortes de notre département ne sont guère fécondes en artistes; quand elles en ont produit un, elles se reposent pendant des siècles. Depuis Ligier Richier, l'illustre sculpteur né à la fin du quinzième siècle, la Meuse ne peut guère porter à son actif que le peintre Yard, un habile décorateur d'églises et de châteaux au temps du duc Stanislas. Aussi étais-je tout fier de trouver dans Bastien-Lepage un compatriote. Quelques instants après un ami commun nous présenta l'un à l'autre. — Je vis un garçon très jeune, très blond, modestement vêtu, petit, leste et bien musclé; sa figure un peu blafarde au front carré et volontaire, au nez court écrasé du bout, aux lèvres spirituelles à peine estompées d'une pâle moustache blonde, était éclairée par deux yeux bleus dont le regard clair, droit et perçant disait la loyauté et l'indomptable énergie. Il y avait à la fois du gamin et de l'homme dans cette physionomie mobile, aux traits heurtés, où une certaine crânerie audacieuse alternait avec des lueurs de sensibilité et des éclairs de gaieté espiègle. — Les souvenirs du pays natal, notre commun amour de la campagne et de la vie en plein air eurent vite établi entre nous des rapports affectueux, et, après deux ou trois rencontres, nous nous liâmes intimement. Le *Portrait du grand-père* lui avait valu une troisième médaille et lui avait assuré sa place au soleil. Ce n'était pas encore le succès d'argent, mais c'était une notoriété sérieuse, et il pouvait rentrer dans son village le cœur tranquille et le front haut. L'État venait d'acheter le tableau de la *Chanson du printemps*, et les commandes commençaient à arriver.

Bastien-Lepage reparut au Salon de 1875

avec *la Communiante* et le *Portrait de M. Simon Hayem*, deux œuvres de valeur qui donnèrent, chacune à sa façon, une nouvelle marque de son originalité. Le portrait de M. Hayem réussit mieux près des gens du monde ; *la Communiante* frappa davantage les artistes. Cette candide et gauche figure de fillette se détachant d'un fond laiteux dans la raideur légère de son voile blanc empesé, ouvrant naïvement ses yeux purs couleur de noisette et croisant ses doigts mal à l'aise dans les gants blancs, est merveilleuse de science et de sincérité. Elle rappelle la manière de Memling et de Clouet. avec un sentiment tout moderne. Elle offre d'autant plus d'intérêt qu'elle a été, pour le peintre, le point de départ de ces petits portraits si vivants, si intimes, d'une facture à la fois si large et si consciencieuse, qui comptent parmi ses chefs-d'œuvre les plus parfaits.

En même temps qu'il triomphait au Salon, Bastien entrait en loge et concourait pour le prix de Rome. Le sujet du concours de 1875 avait été pris dans le Nouveau-Testament : l'*Annonciation aux bergers*. Je me souviens, comme si c'était hier, de cette matinée de juillet où l'on ouvrit les grilles du palais des Beaux-Arts et où la foule des curieux se précipita dans la salle des concours. Au bout de cinq minutes, le tableau de Bastien était entouré, et un frémissement de bon augure courait dans les groupes de jeunes gens amassés devant cette œuvre si personnelle, si fortement conçue et exécutée, que les neuf autres toiles disparaissaient comme dans une brume lointaine. — L'artiste avait compris et traité le sujet absolument en dehors de la convention académique. C'était familier et ému comme une page de la Bible. — La visite de l'ange avait surpris les bergers ensommeillés près de leur feu allumé en plein air ; le plus vieux s'agenouillait devant l'apparition et se prosternait pour l'adorer ; le plus jeune écarquillait les yeux, et ses lèvres entr'ouvertes, ses mains aux doigts écartés exprimaient le saisissement et l'admiration. L'ange — une suave figure à la tête enfantine et presque féminine — levait le bras et montrait aux pâtres, dans l'éloignement, Bethléem environné d'une miraculeuse auréole. Ce tableau, où le charme de la poésie légendaire se mêle à un robuste sentiment de la vie réelle, était exécuté avec une grâce et une vigueur peu communes; les défauts même qu'on pouvait signaler çà et là concouraient à la puissance de l'effet cherché et obtenu. — La plupart de ceux qui avaient vu l'œuvre de Bastien répétaient qu'il emporterait le prix de Rome haut la main; et cependant le jury en décida autrement : ce fut un concurrent plus âgé et plus correct qui fut envoyé à la villa Médicis aux frais de l'État.

Cette décision étrange troubla Bastien-Lesage et le découragea un moment. Non pas qu'il se sentît fortement attiré vers Rome et les chefs-d'œuvre de l'art italien; mais il savait par expérience que beaucoup de gens jugent la valeur d'un artiste sur l'étiquette du sac. Pour les bourgeois de sa province, pour sa famille même, le prix de Rome eût été considéré comme une affirmation officielle de son talent, et il regrettait surtout de ne pouvoir donner cette satisfaction d'amour-propre à ses parents, qui s'étaient imposé tant de privations pour le maintenir à Paris. Après avoir bu cette première coupe amère qui sert à tonifier les caractères les mieux trempés, il se rasséréna lentement. Au lieu de visiter le palais Pitti et le Vatican, il alla revoir tout simplement les champs de blé et d'avoine de Damvillers. Il garda longtemps néanmoins de cet échec immérité un certain ressentiment, dont on retrouve la trace dans ce fragment de lettre à un ami :

« J'ai appris mon métier à Paris et je ne veux pas l'oublier ; mais réellement je n'y ai pas appris mon art. L'école est dirigée par des maîtres dont il serait mal à moi de méconnaître les hautes qualités et le dévouement. Est-ce ma faute cependant si j'ai puisé dans leur atelier les seuls doutes qui m'aient tourmenté ? Quand je suis arrivé à Paris, je ne savais rien de rien, mais je ne soupçonnais pas au moins ce tas de formules dont on vous pervertit... J'ai barbouillé à l'école des esquisses de dieux et de déesses, de Grecs, de Romains que je ne connaissais pas, que je ne comprenais pas et dont je me moquais ; je me répétais que c'était peut-être le grand art, et je me demande quelquefois maintenant s'il ne m'est rien resté de cette éducation... »

Il ne se tint cependant pas pour battu. L'année suivante, en même temps qu'il exposait le portrait de M. Wallon, il concourait de nouveau pour le prix de Rome. Cette fois, c'était moins par goût que pour donner une satisfaction à sa famille et à ses amis. Aussi exécuta-t-il sans conviction ce concours dont le sujet était : *Priam suppliant Achille de lui rendre le corps de son fils Hector*. Son tableau, d'une facture vigoureuse, ne rend presque rien de la profonde et poignante émotion de cet épisode de l'*Iliade*. Il n'obtint pas même un second prix, et je crois qu'il s'en consola très vite. Il était absorbé par de plus passionnantes préoccupations, et ses derniers séjours à Damvillers avaient tourné son esprit vers un autre idéal.

Quoi qu'il en dît, ses études à l'École ne lui avaient pas été inutiles. Elles avaient développé en lui le sens critique. Ses répugnances pour l'art factice et conventionnel l'avaient ramené avec plus de force vers l'observation exacte et attentive de la nature. A Paris, il avait appris à comparer et à mieux voir. — Les campagnes de la Meuse, si peu épiques, avec leurs collines basses, leurs horizons bornés, leurs plaines sans relief, lui avaient paru tout à coup plus séduisantes et plus dignes d'intérêt que les héros de la Grèce et de Rome. Nos laboureurs poussant la charrue au revers d'un champ; nos paysannes à la taille robuste, aux grands yeux limpides, aux maxillaires saillants et à la bouche largement fendue; nos vignerons, au dos courbé par le travail de la houe et du *chaverot*, s'étaient révélés à lui comme des modèles autrement attachants que ceux de l'atelier. On pouvait faire œuvre de grand artiste en dégageant la poésie infuse dans les gens et les choses du village, et en la rendant pour ainsi dire palpable au moyen de la ligne et de la couleur. Donner la sensation de la grisante odeur des herbes fauchées, de la chaleur du soleil d'août sur les blés mûrs, de l'intimité d'une rue de village; faire songer aux gens qui y vivent et y besognent; montrer le lent remue-ménage de la pensée, les soucis du pain gagné au jour le jour, sur des physionomies aux traits irréguliers ou même vulgaires; c'est de l'art humain, et, par conséquent, du grand art. Les peintres hollandais n'avaient pas procédé autrement et ils avaient créé des chefs-d'œuvre. Bastien, tout en flânant à travers les vergers de Damvillers et les bois de Réville, se jura qu'il ferait comme eux et qu'il serait le peintre des paysans de la Meuse. Le détail des études achevées ou commencées à cette époque permet de suivre les progrès de cette préoccupation dominante : *la Paysanne au repos, la Prairie de Damvillers,* les deux esquisses pour le tableau des *Foins,* les *Jardins au printemps,* les *Foins mûrs, l'Aurore,* toutes ces toiles portent la date de 1876.

Ce fut aussi à l'automne de cette même année que nous mîmes à exécution le projet longtemps rêvé de faire ensemble une excursion à pied dans l'Argonne. J'allai le prendre en septembre à Damvillers. Grâce à lui, je revis avec une meilleure disposition d'esprit le bourg où je m'étais si fort ennuyé autrefois.

Cordialement et hospitalièrement accueilli dans la maison située à l'angle de la grande place, je fis la connaissance du père à la physionomie doucement méditative; du grand-père, si allègre malgré ses quatre-vingts ans sonnés; de la mère, si vive, si aimante, si dévouée, la meilleure mère qu'on pût souhaiter à un artiste. Je vis quelle intimité tendre et forte unissait entre eux les membres de cette famille dont Jules était l'idole et l'orgueil.

Nous partîmes en compagnie d'un de mes vieux amis et du jeune frère du peintre. Pendant une semaine, nous parcourûmes à pied et sac au dos les sites forestiers de l'Argonne, allant à travers bois, de Varennes à la Chalade et des Islettes à Beaulieu. Le temps était pluvieux et assez maussade, mais nous n'en cheminions pas moins gaiement, recevant les averses sans sourciller, visitant les verreries, admirant les gorges profondes de la forêt, les étangs solitaires perdus en plein bois, les vertes et brumeuses avenues qui se prolongent pendant des lieues sur l'arête des sommets. Jules Bastien était le plus intrépide. Quand le soir nous regagnions notre gîte, après une journée de marche sous la pluie, il nous chantait à tue-tête des refrains de cafés-concerts dont il avait la mémoire meublée. Il me semble encore entendre dans la nuit humide cette voix nette et vibrante, maintenant éteinte pour toujours.... Chemin faisant il me contait ses projets d'avenir. Il voulait, dans une série de grands tableaux, retracer toute la vie campagnarde : la fenaison, la moisson, les semailles, les amoureux, un enterrement de jeune fille.... Il comptait peindre aussi une Jeanne d'Arc paysanne, au moment où l'idée de sa mission divine fermente dans son cerveau, puis un Christ au tombeau. Nous formions également le projet de publier ensemble une série de douze compositions : *les Mois rustiques*, dont il aurait fourni les dessins et moi le texte. De temps en temps, nous nous arrêtions à l'orée d'un bois ou à l'entrée d'un village, et Jules brossait hâtivement une étude, sans se douter que les sauvages et naïfs paysans de l'Argonne nous prenaient pour des Allemands occupés à lever les plans des défilés. A Saint-Rouin, pendant que nous assistions à un pèlerinage, nous faillîmes être arrêtés comme espions. J'ai raconté ailleurs cette aventure dont le souvenir nous égaya longtemps[1].

Au bout de huit jours de cette vie vagabonde, nous nous séparâmes à Saint-Mihiel, où Bastien-Lepage voulait voir le groupe des statues du sépulcre, le chef-d'œuvre de Ligier Richier, avant de commencer lui-même l'esquisse de son *Christ au tombeau*. Peu de temps après, il racontait cette visite dans une lettre à son ami, le graveur Baude :

« Notre voyage trop court dans l'Argonne a été fort intéressant et s'est terminé par une visite à l'immense chef-d'œuvre de Ligier Richier, à Saint-Mihiel. Il te faudra voir cela un jour. Je n'ai jamais vu de sculpture aussi émouvante que celle-là. La France devrait être plus fière et moins ignorante de ce grand artiste lorrain. Tu verras chez moi une photographie de ce chef-d'œuvre... »

---

1. Voir, dans le volume de *Sous Bois*, la *Chanson du Jardinier*.

Il était de retour à Damvillers depuis six semaines à peine, lorsqu'il perdit son père, brusquement enlevé par une congestion pulmonaire. Le deuil entrait pour la première fois dans la maison, et ce fut un rude coup pour cette famille où l'on s'aimait si bien. « Nous étions trop jeunes pour perdre un si bon ami, m'écrivait-il, malgré le courage qu'on a, le vide, cet affreux vide est si grand qu'on est parfois désespéré... »

« ... Heureusement le souvenir reste (lettre à M. Victor Klotz), et quel souvenir!... le plus pur qui puisse exister. C'étaient la bonté et l'abnégation personnifiées; il nous aimait tant!... Mais que faire? Remplir ce vide avec beaucoup d'amour pour ceux qui restent et qui vous sont attachés, avec beaucoup de souvenir pour celui qui n'est plus, et beaucoup de travail pour chasser l'idée fixe... »

Il travaillait en effet et avec acharnement : à Damvillers, à un *Job* qui est resté inachevé, et à Paris, au grand portait en pied de lady L.., qui figura au Salon de 1877. Il avait quitté la rue du Cherche-Midi et s'était installé au fond de l'impasse du Maine, où son atelier et son appartement occupaient tout un étage d'un bâtiment situé au bout d'un étroit jardinet négligé, dont un abricotier et des massifs de lilas faisaient les seuls ornemens. Son frère Émile, qui terminait alors ses études d'architecture à l'École, habitait avec lui. L'atelier très vaste, simplement meublé d'un vieux divan, de quelques escabeaux, d'une table couverte de livres et de croquis, n'était décoré que des études du peintre et de quelques lambeaux d'étoffes japonaises. J'y venais à cette époque, tous les matins, pour mon portrait. J'arrivais dès huit heures, et je trouvais Jules levé, les yeux encore gros de sommeil, avalant deux œufs crus « pour se donner du ton, » disait-il. — Il se plaignait déjà de maux d'estomac et suivait un régime. — On fumait une cigarette et on se mettait à la besogne. Il peignait avec une activité fiévreuse et une sûreté de main étonnante. Parfois s'interrompant, il se levait, roulait une cigarette, fouillait des yeux la physionomie de son modèle, puis, après cinq minutes de contemplation silencieuse, il se rasseyait avec une vivacité de singe et recommençait à poser rageusement de petites touches sur la toile. Le portrait, ébauché pendant les neiges de janvier, fut presque achevé quand l'abricotier commença à se couvrir de fleurs blanches, en avril. Aussitôt après l'ouverture du Salon, Bastien plia bagage et s'enfuit à Damvillers pour préparer son grand tableau des *Foins*, qui l'occupa pendant tout l'été de 1877 et dont il me donnait de temps à autre des nouvelles :

« *Juillet.* — Je vous parlerai peu de mon travail ; le tableau n'est pas encore assez ébauché dans toutes ses parties. Ce que je puis vous dire maintenant, c'est que je vais me livrer à une débauche de tons perlés : les foins à demi-séchés et les foins en fleur, tout cela dans le soleil, ressemblant à une étoffe d'un jaune très pâle et tissée d'argent. Des bouquets d'arbres qui bordent le ruisseau et la prairie feront des taches vigoureuses d'un aspect assez japonais.... »

« 15 *août.* — Vos vers sont bien le tableau que je voudrais peindre. Ils sentent bien le foin et le chaud de la prairie.... Si mes foins sentent aussi bon que les vôtres, je serai content...: Ma jeune paysanne est assise, les bras ballants, la face rouge et suante ; son regard fixe ne voit rien ; l'attitude bien rompue et fatiguée. Elle donnera bien, je crois, l'idée de la vraie paysanne. — Derrière elle, à plat sur le dos, son compagnon dort à poings fermés, et dans le fond de la prairie tout ensoleillée, des paysannes se remettent au travail. — J'ai eu beaucoup de mal pour installer mes premiers plans, voulant conserver l'aspect simplement vrai d'un coin de la nature. Rien de l'arrangement habituel du saule avec ses branches retombant sur la tête des personnages pour encadrer la scène. Rien de tout cela. Mes personnages se détachent *également* sur les foins à demi secs; un petit arbre pousse au coin du tableau, afin d'indiquer que d'autres arbres sont auprès de lui et que nos paysans sont venus se reposer à l'ombre. L'ensemble du tableau sera d'un gris vert très clair... »

« *Septembre*. — Pourquoi n'êtes-vous pas venu, paresseux? Vous auriez vu mes *Foins* avant qu'ils soient terminés. Lenoir, le sculpteur, mon voisin de l'impasse, en a été content. Les paysans disent que c'est vivant. Je n'ai plus guère que mon fond à terminer. — Je vais m'atteler aux *Faucheurs* et à une étude nue d'un Diogène le cynique, ou plutôt le sceptique.... »

Les *Foins* furent envoyés au Salon en 1878. Le succès fut très grand, quoique violemment discuté. Dans la salle où il était placé, au milieu des toiles qui l'entouraient, ce tableau donnait une extraordinaire sensation de plein air et de clarté. On eût dit une large fenêtre ouverte sur la nature. — La prairie, déjà à moitié fauchée, fuyait, baignée de soleil, sous un ciel d'été semé de légers flocons de nuages. La jeune faneuse assise, alanguie par le temps chaud et grisée par l'odeur des foins, les yeux fixes, les membres las, la bouche entr'ouverte, était merveilleusement vivante. Rien de ces paysannes de convention dont les mains semblent n'avoir jamais touché un outil, mais une vraie campagnarde habituée dès l'enfance aux labeurs de la terre. On la sentait harassée, de fatigue, heureuse de souffler un moment à l'aise après une matinée de travail en plein soleil.

Cette toile où la vie des champs était étudiée avec tant de sincérité et rendue d'une façon si puissante, exerça une influence considérable sur la peinture contemporaine. A partir de cette exposition, beaucoup de jeunes peintres, beaucoup d'artistes étrangers surtout, se jetèrent avec enthousiasme dans la voie nouvelle frayée par Bastien-Lepage, et, sans le vouloir, le peintre des paysans de la Meuse fut sacré chef d'école.

III

Sans se laisser griser par le succès, Bastien continua sa vie de travail assidu et de recherches consciencieuses. Il partageait son temps entre Paris et Damvillers, donnant la plus large part à son village. De 1878 à 1879, la liste de ses œuvres est déjà longue : Portraits de M. et de Mme Victor Klotz et de leurs enfants, de MM. de Gosselin, de M. A. Lenoir, de M. de Tinan, de l'éditeur George Charpentier, d'Émile Bastien, de Sarah Bernhardt, et enfin cette *Saison d'octobre* (*Récolte de pommes de terre*), qui est le pendant des *Foins*, dans une gamme plus assourdie, avec des couleurs chaudes et sobres, une saveur exquise de la campagne à l'arrière-saison, une exécution puissante, pleine de santé et de sérénité. — Le portrait de *Sarah* et la *Récolte de pommes de terre*, moins discutés que les *Foins*, firent pénétrer plus à fond le nom de Bastien-Lepage dans la masse du public. Il y eut pour lui, à dater de cette époque, à la fois succès d'artiste et succès d'argent.

Son premier soin fut d'associer à cette bonne fortune ses parents de Damvillers. Ils avaient été à la peine, il voulait qu'ils fussent au plaisir, et il les amena à Paris pendant l'été 1879. Il était heureux de leur rendre en bonnes gâteries un peu de ce qu'il leur devait pour tant d'affection et de dévouement. Il leur savait gré d'avoir cru en lui dans les temps difficiles des débuts, et il éprouvait une tendre fierté à pouvoir leur montrer qu'ils ne s'étaient pas trompés. Lorsqu'il emboursa ses premiers gains sérieux, il conduisit sa mère dans un grand magasin et fit déplier devant elle des coupons de robes de soie. « Montrez toujours, s'écriait-il, je veux que maman choisisse ce qu'il y a de mieux ! » Et la pauvre petite mère, effarouchée à la vue de ce satin noir qui se tenait debout, avait beau protester « qu'elle ne mettrait jamais cela, » il lui fallut céder. — Il promena le grand-père à travers les avenues du Bois et les grands boulevards, se figurant qu'il allait l'émerveiller ; mais de ce côté ses efforts et son zèle échouèrent complétement. Le vieillard resta indifférent aux splendeurs du luxe parisien et de la mise en scène des théâtres ; il bâilla ferme à l'Opéra, déclarant que tout ce tapage lui cassait la tête, et il s'en retourna à Damvillers en jurant qu'on ne l'y reprendrait plus.

Après avoir vu les siens remonter en wagon, Jules partit pour l'Angleterre, où il exécuta le portrait du prince de Galles. Décoré au mois de juillet suivant, il se hâta de regagner son village pour montrer son ruban rouge à ses parents, et aussi pour se remettre à sa besogne préférée. Il s'était aménagé un atelier dans les hauts et spacieux greniers de la maison paternelle, et il travaillait ferme. Il voulait enfin réaliser ce rêve, choyé depuis si longtemps, de peindre une Jeanne d'Arc. Il avait longuement médité son sujet, et nous en parlions souvent. Il se proposait de peindre Jeanne dans le petit enclos de Domremy, à l'heure où elle entend bourdonner pour la première fois à son oreille les voix mystérieuses qui l'appellent à la délivrance de la patrie. Pour mieux préciser la scène, Bastien voulait montrer à travers les branches des arbres du verger les formes confuses des « benoîts saints et saintes » dont les voix encourageaient l'héroïque pastoure. Je n'étais pas de cet avis. Je soutenais qu'il fallait supprimer ces apparitions fantastiques et que l'expression seule de la figure de Jeanne devait initier le spectateur à l'émotion causée par l'hallucination à laquelle elle était en proie. Je lui rappelais la scène de somnambulisme de lady Macbeth : le médecin et la chambrière, disais-je, ne voient pas les choses terribles qui dilatent les pupilles de lady Macbeth, mais à la figure et aux gestes de l'hallucinée, ils jugent que c'est terrible; l'effet n'en est que plus grand, parce qu'après l'avoir reçu, l'imagination du spectateur le grandit encore. Supprimez vos fantômes, et votre tableau gagnera en sincérité et en intensité dramatique. — Mais Jules tenait à la personnification des *voix*, et nos discussions se terminaient sans que ni l'un ni l'autre nous fussions convaincus. Néanmoins mon objection l'avait préoccupé, et il était désireux de montrer à ses amis sa nouvelle œuvre avant qu'elle fût complètement achevée.

« Venez, m'écrivait-il, vers le 15 septembre, F... est tout disposé à venir, il a même besoin de venir à Damvillers; tout s'arrangera à merveille. Vous verrez, assez avancé, mon tableau de *Jeanne d'Arc*, et quelqu'un arrivant de Paris ne me fera pas de mal... »

« Si tu savais comme je bûche (lettre à Ch. Baude), tu serais moins étonné. Mon tableau marche et marche rondement; tout, sauf les *voix*, est ébauché, et quelques morceaux commencent à s'exécuter. Je crois avoir trouvé la tête de ma Jeanne d'Arc, et, aux yeux de tous, elle exprime bien la résolution de partir, tout en conservant le charme bien naïf de la paysanne. L'attitude est, je crois, aussi très chaste et très douce, comme il convient à la figure que je veux représenter... Mais si je dois te voir bientôt, j'aime bien mieux te laisser le plaisir de la surprise, et aussi le premier étonnement du tableau; tu le jugeras mieux et tu pourras mieux dire ce que tu en penses... »

Jeanne d'Arc parut au Salon de 1880, avec le portrait de M. Andrieux. Elle n'y produisit pas tout l'effet sur lequel Jules comptait. Le tableau eut des admirateurs enthousiastes, mais aussi des détracteurs passionnés. Les critiques portaient d'abord sur le défaut d'air et de perspective, puis — comme je l'avais prévu — sur les *voix*, représentées par trois personnages symboliques, trop sommairement indiqués pour être compris, et cependant trop précis encore pour des apparitions. Seulement, le public ne rendait pas suffisamment justice à l'admirable figure de Jeanne, debout, immobile, frémissante, les prunelles dilatées par le rêve, le bras gauche étendu et maniant machinalement les feuilles d'un arbuste voisin. Jamais Bastien-Lepage n'avait encore créé de figure si poétiquement vraie que cette pastoure lorraine, portant la casaque grise lacée et la jupe marron des paysannes, si virginale, si humaine, si profondément abîmée dans son extase héroïque. — Le succès rapide et éclatant du jeune maître avait froissé bien des amours-propres; on lui faisait payer ces précoces sourires de la gloire en rabaissant le mérite de sa nouvelle œuvre. Il avait espéré qu'on décernerait la médaille d'honneur à sa *Jeanne d'Arc;* on donna cette récompense à un artiste de talent, mais dont l'œuvre n'avait ni l'originalité, ni les qualités d'exécution, ni l'importance de celle de Bastien. Il ressentit vivement cette injustice et se rendit à Londres, où l'accueil et les appréciations des artistes et des amateurs anglais le consolèrent un peu de ce nouveau déboire.

Les deux années qui suivirent furent fécondes en œuvres vigoureuses, savoureuses et variées : *les Blés mûrs, les Docks à Londres, la Tamise,* le *Paysan allant voir son champ le dimanche,* la *Petite fille allant à l'école;* les portraits de M. et de Mme Goudchaux, de Mlle Damain, d'Albert Wolff et de Mme W...; *Pas-Mèche, la Marchande de fleurs,* enfin les deux grands tableaux du *Mendiant* et du *Père Jacques,* exposés au Salon en 1881 et en 1882. Son séjour à Londres et la lecture de Shakspeare lui avaient inspiré l'idée de s'attaquer à l'une des héroïnes du grand poète, et en 1881 il était revenu à Damvillers, tout enfiévré d'un projet de tableau représentant la mort d'Ophélie.

« J'ai fait de la peinture à force (lettre à Ch. Baude, août 1881), car je veux m'absenter et voyager trois ou quatre semaines. C'est seulement à la fin de septembre qu'il faudra venir nous voir. Entendu, n'est-ce pas? — Chasse, amusements, amitié. — Depuis mon retour, j'ai peint une faneuse, travaillé à un petit tableau d'intérieur : *le Cuvier à lessive*, que tu connais, très long à exécuter en détail. Puis j'ai mis en train et déjà avancé un grand tableau qui représente Ophélie. Je crois que ça ne sera pas mal de montrer quelque chose en sens inverse de mon tableau du *Mendiant;* c'est-à-dire une Ophélie vraiment touchante, aussi navrante que si on la voyait réellement. La pauvre petite folle ne sait plus ce qu'elle fait, mais elle montre dans sa physionomie les traces de la douleur et de la folie. Elle est tout au bord de l'eau, affaissée contre un saule; sur ses lèvres, le sourire laissé par la dernière chanson, et dans ses yeux des larmes! Soutenue par une branche, elle glisse sans s'en douter, et le ruisseau est tout près d'elle, à ses genoux. Dans un instant, elle y aura glissé sans savoir; — vêtue d'un petit corsage bleu pâle, moitié bleu, moitié verdâtre, d'une jupe blanche à gros plis, — des fleurs plein ses poches, — et derrière elle un paysage du bord de l'eau; — une rive sous des arbres, avec de grandes herbes toutes fleuries, des fleurs de ciguë par milliers, comme des étoiles dans le ciel; — et, dans le haut du tableau, un talus boisé, et le soleil du soir tout à travers des bouleaux et des noisetiers; — voilà la mise en scène.... »

Ce tableau est demeuré inachevé. L'humidité fleurie du paysage était rendue comme le souhaitait l'artiste, mais le visage et le costume d'Ophélie rappelaient par trop la *Jeanne d'Arc*. Bastien-Lepage s'en aperçut sans doute, et c'est ce qui lui fit laisser de côté l'œuvre commencée pour revenir à ses paysans. Plus il devenait maître de son pinceau et plus le monde rustique le hantait. Il était resté foncièrement campagnard. Bien qu'il eût maintenant, par intervalles, des raffinements d'elégance et des poussées de mondanité ; bien qu'il eût échangé le modeste atelier de l'impasse du Maine contre un petit hôtel dans le quartier Monceau, le monde le fatiguait vite, et c'était avec bonheur qu'il reprenait le chemin de son village. Cette absence de six semaines, dont il parle dans sa lettre à son ami Baude, avait été employée à une excursion à Venise et en Suisse. Il revint de son voyage, médiocrement enchanté, et n'en rapporta que quelques études peu importantes. L'Italie et les splendeurs de l'art vénitien l'avaient laissé froid. C'était un milieu aristocratique et mythologique auquel il ne comprenait rien et où il se trouvait dépaysé. Il avait la nostalgie de ses prairies et de ses forêts meusiennes.

Pendant les rapides séjours qu'il fit à Paris en 1881 et en 1882, l'exécution de nombreux portraits (notamment celui de Mme Juliette Drouet), les corvées obligatoires des visites et des soirées l'accaparaient presque entièrement.

Nous ne le voyions qu'en passant. Mais ces succès mondains, et les bruyantes adulations qu'on lui prodiguait dans les salons parisiens ne l'avaient pas changé. C'était toujours le loyal et joyeux camarade, fidèle aux anciennes affections, très bon et très simple, s'amusant comme un enfant lorsqu'il se retrouvait dans un cercle d'amis intimes.

Nous étions tous deux membres fondateurs d'un dîner alsacien-lorrain, le Dîner de l'Est, dont les convives se réunissaient en été, à la campagne. L'une des dernières réunions à laquelle il assista eut lieu à la fin de mai 1881. On avait frété un bateau-mouche qui devait conduire les dîneurs au pont de Suresnes et les en ramener dans la nuit. Quand nous arrivâmes au débarcadère, un aveugle se tenait près de la passerelle, accompagné d'une fillette qui tendait sa sébile aux passants. « Allons messieurs, tout le monde la main à la poche! » commanda gaiement Bastien en passant le premier et en prêchant d'exemple. — Et les quatre-vingts ou cent convives du Dîner de l'Est défilèrent les uns après les autres sur la passerelle, chacun laissant dans la sébile de l'enfant une piécette ou un gros sou. Quand nous fûmes sur le pont, Bastien se retourna pour examiner l'aveugle et sa fille, qui restaient ébaubis de cette aubaine inattendue et comptaient lentement leur monnaie : « Quel joli groupe ! me dit-il, et comme ce profil d'enfant serait amusant à dessiner ! »

En attendant le dîner, nous allâmes nous promener dans le bois de Boulogne. Les massifs étaient pleins d'acacias et d'aubépines en fleurs; les pelouses fraîchement tondues répandaient un parfum d'herbes fauchées. Jules, aspirant joyeusement cet air imprégné d'odeurs agrestes, avait un bon rire d'enfant heureux. Tout lui souriait en ce moment : son *Mendiant* avait eu un grand succès au Salon; son dernier voyage en Angleterre avait été très fructueux; il avait la tête remplie de beaux projets de tableaux. — Il fait bon vivre! s'exclamait-il en tortillant dans ses doigts une fleur arrachée aux massifs... — Pendant le retour, il se livra à toute sorte de gamineries espiègles. Monté sur l'avant du bateau, il entonnait à gorge déployée le *Chant du départ*. Sa voix vibrante résonnait puissamment entre les deux rives endormies; le ciel était splendide, les étoiles y fleurissaient par milliers. De temps en temps, Bastien allumait une pièce d'artifice et la lançait par-dessus bord en poussant un hourrah! La fusée montait lentement dans la nuit en jetant des gerbes d'étincelles multicolores, puis retombait brusquement et s'éteignait dans l'eau noire. — Hélas! c'était l'image des courtes et brillantes années qui lui restaient à vivre.

IV

Le 1ᵉʳ janvier 1883, lors de la mort de Gambetta, Bastien fut chargé de dessiner le char funèbre qui devait conduire le grand orateur au Père-Lachaise; il passa ensuite huit jours dans la petite chambre de Ville-d'Avray, occupé à peindre le tableau représentant l'homme d'État sur son lit de mort. Le froid était très vif à cette époque et, son esquisse à peine achevée, il s'en retourna assez souffrant à Damvillers, où il comptait terminer son grand tableau commencé de *l'Amour au village*. L'air natal, une vie régulière, les bons soins maternels le rétablirent et il se remit au travail avec acharnement. Emmitouflé dans une grosse veste et une couverture de voyage qui lui tombait jusqu'aux pieds, il faisait poser ses modèles pendant les aigres journées de février, dans le jardinet où il avait jadis exécuté le portait du grand-père. En mars, l'œuvre était très avancée; il nous convia à l'aller voir, en famille, à Damvillers, avant qu'elle partît pour le Salon.

Nous quittâmes Verdun par une après-midi glaciale, accompagnés du vieil ami qui avait déjà été l'un des compagnons du voyage en Argonne, et la voiture nous déposa à Damvillers à la nuit tombante. Nos hôtes nous attendaient sur le pas de la porte : le grand-père toujours le même, avec son bonnet grec, sa barbe blanche et sa tête socratique; le peintre et la petite mère, souriants et les mains tendues; autour d'eux Basse, le caniche, Golo et Barbeau, les deux chiens courants, bondissaient avec de joyeux abois pour nous souhaiter la bienvenue. Le lendemain, dès le matin, nous montions dans l'atelier pour voir *l'Amour au village*, qui devait partir le même jour pour Paris. On connaît le sujet de ce tableau, l'un des plus vivants et des plus originaux qu'ait peints l'artiste : — Le jour tombe; au seuil d'un jardin campagnard, un gars de vingt ans, qui vient de botteler des gerbes et qui est encore vêtu de ses jambières de cuir, cause, appuyé contre une barrière, avec une jeune fille qùi tourne le dos au spectateur; ce qu'il lui dit, on le devine à la façon dont il tord gauchement l'extrémité de ses doigts rugueux, et aussi à l'air attentif, mais embarrassé de la jeune fille. On sent qu'ils parlent peu, mais que l'amour s'exhale de chacune de leurs paroles difficilement articulées. Autour d'eux, dans le *maix* verdoyant, l'été épanouit de robustes floraisons rustiques; des arbres fruitiers s'enlèvent en légères silhouettes sur une perspective de potagers qui montent en pente douce jusqu'aux maisons du village, dont les toits bruns et le clocher pointu bordent un ciel crépusculaire, mollement vaporeux. Tout cela, baigné dans une lumière sobre et assourdie, est d'une exécution merveilleuse. La jeune fille, avec ses courtes nattes tombant sur ses épaules, son cou penché, son dos d'un modelé si jeune et si chaste, est un morceau exquis; la figure énergique et si ingénument amoureuse du jeune botteleur est charmante d'expression; les mains, le buste, le vêtement sont magistralement traités : — il y a dans cette toile une poésie sincère et mâle, qui est réconfortante et savoureuse comme l'odeur des blés mûrs en été.

Bastien était content d'avoir mené à bien cette œuvre difficile, et le contentement lui faisait supporter très allègrement des douleurs de reins et des troubles digestifs qui devenaient de plus en plus fréquents. Depuis longtemps, je ne l'avais vu aussi gai et aussi expansif. Cette bonne huitaine de vacances passée à Damvillers fut le pendant de la semaine de voyage en Argonne. Le ciel, maussade et brouillé à chaque instant par de froides giboulées, ne nous permettait que de rares promenades au dehors ; mais dès le matin nous montions à l'atelier. Jules donnait congé au petit ramoneur qui lui servait de modèle pour un tableau en train, et, prenant une plaque de cuivre, nous faisait poser pour une gravure à l'eau-forte. Je l'ai en ce moment sous les yeux cette planche, qui a mal mordu. Elle représente, un peu en charge, toute la maisonnée, y compris le grand-père, faisant cercle autour de notre ami F.., qui, debout et très grave, récite une fable de la Fontaine. Tandis que je la regarde, il me semble encore entendre les joyeux rires qui emplissaient l'atelier et qui alternaient avec le tintement du grésil de mars sur les vitres. Le soir, après le souper, on s'installait autour de la table ronde et l'on jouait au *diable* ou au *nain jaune*. Jules, laissant tomber ses meilleures cartes, s'arrangeait toujours pour faire gagner le grand-père, et quand le vieil octogénaire, tout fier de sa chance, ramassait les enjeux, il lui tapait sur l'épaule en s'écriant avec un joyeux clignement d'yeux : « Hein ! quel veinard ! il nous enfonce tous ! » et les parties de rire recommençaient de plus belle. On ne remontait se coucher que fort avant dans la nuit, après avoir réveillé le petit domestique Félix, qui s'était assoupi dans la cuisine en copiant au fusain un portrait de Victor Hugo.

Dans les intervalles de soleil, Bastien-Lepage nous faisait visiter « ses champs. » Il avait un amour de paysan pour la terre, et il employait ses gains à arrondir le domaine paternel. Il venait d'acheter un grand verger situé dans les anciens fossés du bourg et ayant appartenu à un prêtre défroqué. Il comptait y construire un chalet où les amis, peintres ou poètes, pourraient venir s'installer et rêver à l'aise aux vacances; il nous détaillait avec une joie d'enfant ses projets pour l'avenir. — Quand il aurait amassé avec ses portraits une fortune indépendante, il exécuterait à son aise et librement les grands tableaux rustiques qu'il rêvait, et entre autres cet *Enterrement de jeune fille à la campagne*, dont il avait déjà réuni les documents et esquissé les principaux détails.

Nous ne fîmes qu'une longue promenade, et ce fut dans ces bois de Réville, qui forment le fond de son paysage des *Blés mûrs*. Le temps était resté froid, et il y avait encore des plaques de neige aux revers des collines grises, bien que le soleil brillât par intervalles. A part quelques chatons de saules qui commençaient à jaunir, les bois étaient sans verdure; mais les champs labourés avaient une belle couleur brune; les alouettes gazouillaient; les cimes des hêtres prenaient déjà ces tonalités rougissantes, indiquant la sève en travail et le bourgeon en train de se gonfler.

« Tenez! me dit Bastien quand nous fûmes en forêt, on a reproché à mon *Bûcheron* du dernier Salon d'être planté dans un paysage sans air.... Eh bien! nous voilà sous bois, et les branches n'ont pas encore de feuilles; voyez cependant comme la figure humaine se détache peu du fouillis des arbres et des arbustes! Il y a beaucoup de routine et de préjugés dans ce reproche qu'on fait à la perspective de mes tableaux en plein air. C'est de la critique de gens qui semblent n'avoir jamais contemplé un paysage qu'accroupis ou assis. Quand vous vous asseyez pour peindre, vous voyez naturellement un site d'une tout autre façon que si vous étiez debout. Assis, vous apercevez plus de ciel et vous avez plus d'objets : arbres, maisons ou êtres animés se découpant en silhouettes sur ce ciel, ce qui donne l'illusion d'un recul plus considérable et d'une aération plus large. Mais ce n'est pas ainsi que le paysage s'offre ordinairement à nos yeux. Nous le regardons debout, et alors les objets animés ou inanimés des premiers plans, au lieu de se profiler sur le ciel, se silhouettent sur des arbres, sur des champs gris ou verts. Ils se détachent avec moins de netteté, et, par places, se mêlent confusément avec les fonds, qui alors, au lieu de reculer, semblent venir en avant. Nous avons besoin de refaire l'éducation de notre œil, en regardant sincèrement comment les choses se passent dans la nature, au lieu de tenir pour vérités absolues des théories ou des conventions d'école et d'atelier.... »

Toute l'après-midi s'écoula ainsi doucement en intimes causeries, en lentes fumeries le long des talus boisés. Les merles sifflaient; de temps en temps, nous découvrions dans le fourré une fleur annonçant que, décidément, le printemps approchait : l'anémone sylvie, aux pétales d'un blanc de lait, ou une branche de joli bois, avec ses fleurettes roses épanouies avant les feuilles et sa physionomie de plante japonaise. Jules se baissa et, cueillant un pied d'ellébore noir : « Hein! est-ce beau?

s'écria-t-il. Comme on aimerait à faire une étude bien serrée de ces feuilles si décoratives, aux fines découpures d'un vert foncé, presque brun, d'où sortent cette hampe d'un vert si jeune et ce bouquet de fleurs verdâtres, lisérées de rose pâle! Quelles formes élégantes et quelle variété de nuances tendres!... Voilà ce qu'on devrait faire copier aux enfants dans nos écoles de dessin, au lieu de l'éternelle et insupportable Diane de Gabies! » Nous ne nous en revînmes qu'au soir, par un magnifique coucher de soleil qui empourprait les toits fumeux de Réville et faisait ressembler les légers nuages éparpillés dans le ciel à une jonchée de feuilles de roses rouges.

Le lendemain, il fallut songer au départ. Nous nous quittâmes après de longues embrassades, en formant de beaux projets de retour à Damvillers pour les vacances de septembre, tandis que le grand-père, hochant sa tête chenue, murmurait mélancoliquement: « Qui sait si vous m'y retrouverez? » et que Basse, Golo et Barbeau bondissaient en aboyant autour de l'omnibus, qui nous emportait avec un bruit de ferraille.

Nous ne revîmes Jules qu'un mois après, à l'ouverture du Salon, devant *l'Amour au village,* qui eut un plein succès. Il était souffrant et se plaignait de ses douleurs de reins, devenues plus aiguës; puis tout à coup il disparut mystérieusement. La porte de l'atelier de la rue Legendre était close et l'on répondait aux visiteurs que le peintre était à la campagne. Nous ne sûmes que plus tard qu'il s'était caché pour suivre un traitement énergique et douloureux, et qu'à peine convalescent, il était allé respirer l'air de la mer en Bretagne, à Concarneau. Il y passait ses journées dans une barque, peignant des marines et trompant ses douleurs à l'aide du travail. Quand il revint nous voir en octobre, il paraissait rétabli, mais ses digestions étaient pénibles et sa gaieté habituelle était comme embrumée de mélancolie. Son caractère s'était modifié; il n'avait plus de ses affirmations tranchantes dont se plaignaient parfois ses confrères; il se montrait plus indulgent, avec des effusions de tendresse dont il n'était pas coutumier. Il ne séjourna pas longtemps à Paris, ayant hâte de rentrer à Damvillers pour se remettre sérieusement à la besogne. Il y arriva pour assister aux derniers moments du grand-père. L'aïeul s'éteignait, chargé d'années, mais cette mort, bien que fatalement prévue, frappait douloureusement ceux qui survivaient.

« La maison, écrivait-il, est vide à ne pas s'en faire idée. A chaque instant, il y a si peu de jours encore! une porte s'ouvrait et le grand-père apparaissait, sans motif, sans but, sans parler ou sans qu'on lui parlât, mais la vue de sa bonne figure suffisait. On l'embrassait et il repartait comme avant, sans but, s'asseyant, allant au jardin, en revenant, et toujours avec sa bonne figure. Je me rappelle maintenant qu'il pâlissait depuis quelques jours.... Non, tu ne t'imagines pas combien la maison est maintenant vide. Je ne m'habitue pas encore à cette idée-là. Avec ma mère nous parlons souvent de lui, avec quel plaisir! Ce n'est pas que nous le pleurions avec des larmes; nous nous tenons beaucoup de raisonnements, et, en apparence, nous sommes résignés et courageux ; mais derrière tout cela il y a un douloureux sentiment d'effacement, de manque absolu. — C'est le toucher encore qu'il faudrait.... Ah ! mon vieux, c'est rude tout de même, va ! — J'en ai été et j'en suis encore malade.... Je n'ai pas pu travailler et je suis allé aujourd'hui, pour la première fois, tuer des alouettes par un beau temps, un bon soleil et de beaux paysages qui faisaient du bien. »

La santé de l'artiste, en effet, loin de s'améliorer, devenait de jour en jour plus chancelante : « Le tube digestif, disait-il, était toujours embrouillé. » Il travaillait néanmoins avec le même courage, revoyant ses études de Concarneau, méditant un nouveau tableau et ne s'interrompant que pour chasser ou flâner à travers bois.

« Les promenades que nous faisons chaque soir (lettre du 27 novembre 1883 à Ch. Baude) sont pour nous le meilleur moment de la journée. C'est celui où le soleil se couche jusqu'à celui où il fait nuit. Chaque soir, c'est un spectacle nouveau; l'affiche change selon le temps qu'il fait. Tantôt le sujet de la pièce est dramatique; le lendemain, il est charmant, et, avec les pluies continuelles, il nous arrive de voir dans la prairie inondée les beaux effets qui s'y reflètent. — T'imagines-tu tous nos plaisirs dans ton sale Paris? Le lendemain matin n'arrive pas assez vite à cause de l'envie qu'on a de rendre l'impression de la veille, de sorte que je fais un tas de pochades et que je m'amuse beaucoup. Puis, voici la surprise : je fais un nouveau tableau.... Devine!... — Voici le sujet : un chevreuil blessé pris par les chiens. — La scène, c'est naturellement le bois, et le bois à ce moment de l'année : à peine quelques feuilles d'un jaune éclatant dans le ton merveilleux du gris rose des branches d'arbres; puis le ton violet des feuilles mortes plaquées au sol; quelques ronces vertes autour d'une mare où se penche un saule. — L'endroit n'a pas été choisi par moi; c'est le chevreuil lui-même qui l'a choisi pour y mourir, car je l'ai tué l'autre jour et il est allé se faire prendre là, à cent mètres du coup de fusil, — juste en face de l'endroit où Minet a tué un lièvre.... C'est après cela que m'a pris l'envie du tableau ; alors j'ai ébauché et reconstitué la scène, et, comme j'avais besoin d'un modèle, j'ai tué un second chevreuil.... »

Symptôme caractéristique, lui qui autrefois n'écrivait que des billets laconiques, griffonnés à la hâte sur un bout de table, maintenant expédiait à ses amis de longues lettres pleines d'expansion, où perçait un redoublement de tendresse pour les choses de la vie, pour son art et pour les beautés de la nature :

« Mes chers amis (3 janvier 1884), si vous pouviez voir votre pauvre Bastien en train d'écrire des monceaux de lettres, vous diriez bien certainement : « On nous l'a changé !... » Si mes souhaits avaient, par extraordinaire, la vertu de se réaliser, je veux que vous que j'aime bien puissiez en profiter ; ainsi santé, bonheur, succès pour tous, sera le bilan de 1884. Maman fait les mêmes vœux que moi et se réjouit de vous revoir bientôt.... Ah ! mon cher ami, quel plaisir vous auriez de *manger du bois*, comme j'en mange maintenant presque chaque jour, en compagnie de Golo et de Barbeau! Quels tons d'une merveilleuse finesse et quelles tombées du jour, à chaque soir! — Les bois sont d'une délicatesse exquise avec leurs grandes herbes desséchées, couleur d'ivoire jauni; elles sont si grandes dans certains endroits du taillis qu'elles vous caressent le visage au passage, quand on les traverse, et c'est une délicieuse sensation d'un chatouillement frais sur la figure et sur les mains toutes brûlantes de la course. — Il est rare que je quitte le bois avant la nuit, car il me faut, avant de rentrer, saluer les canards sauvages de quelques coups de fusil. — On les entend venir de très loin, mais il est difficile de juger s'ils sont près ou loin de vous; c'est la particularité de leur cri; de sorte que souvent ils sont passés et déjà loin, quand on s'aperçoit qu'on les a manqués. Ceci pour vous dire que je ne suis pas un *Bas-de-Cuir*, comme on pourrait croire, et qu'il faut m'excuser si je n'ai pas encore pu vous envoyer quelque chose de ma chasse.... Je me promène beaucoup, c'est là l'important, car à ce jeu je regagne un peu de santé. Mon estomac commençait à se détraquer, mais il redevient meilleur.... »

A quelques jours de là, je rencontrai un de nos amis communs :

— Eh bien ! me dit-il, ce pauvre Bastien est très malade. .. On le croit perdu....

V

Il était très malade en effet. Le traitement suivi pendant l'été de 1883 n'avait pas réussi à le débarrasser de son mal. Les douleurs de reins et d'entrailles avaient reparu plus violentes à la fin de janvier. Sur les conseils de son ami le docteur Watelet, on le ramena à Paris, en mars, pour avoir une consultation du docteur Potain. Sans s'illusionner sur le dénouement fatal de la maladie, les médecins pensèrent qu'un changement d'air et de climat pourrait, moralement et physiquement, produire de bons résultats; ils conseillèrent un séjour de deux mois en Algérie. Bastien lui-même, pris de ce besoin de locomotion qui tourmente souvent les malades gravement atteints, avait exprimé le désir de voyager dans le Midi. On décida qu'il partirait le plus tôt possible pour Alger, accompagné de son domestique Félix et de sa mère. Le matin du jour fixé pour le départ, j'allai lui dire adieu rue Legendre. Il était sorti pour terminer certains arrangements avec son marchand de tableaux; je ne trouvai que Mme Bastien, occupée à remplir les malles éparses dans l'atelier. La vaillante petite mère, qui n'avait jamais quitté sa maison de Damvillers que pour des absences de quelques jours, s'apprêtait pour ce long voyage en pays inconnu, simplement, avec une apparente tranquillité d'âme, comme s'il se fût agi d'une excursion à Saint-Cloud. L'espoir que ce changement de climat pourrait guérir Jules suffisait pour lui faire envisager avec courage le bouleversement de toutes ses habitudes. Parfois seulement, tandis qu'elle disposait méthodiquement le linge dans la malle, ses yeux devenaient tout à coup humides et un frémissement douloureux crispait ses lèvres. — Sur les sièges et contre les murs, les récentes études rapportées de Damvillers étaient installées, et l'on se sentait le cœur serré à la vue de ces dernières œuvres, où la nature avait été observée et rendue avec une science, une pénétration et un charme incomparables. C'étaient le *Pêcheur de grenouilles*, le *Petit Ramoneur*, la *Lessiveuse*, la *Mare à Damvillers*, la *Lisière du bois*, l'*Église de Concarneau*, et cette étude de ciel nocturne, si originale avec sa jonchée de nuages moutonnant sur un azur presque noir.

A ce moment, Bastien-Lepage arriva, et en le voyant s'avancer péniblement dans l'atelier, je fus effrayé du changement qui s'était déjà opéré en lui. Son visage amaigri était devenu tout à fait exsangue; la peau de son cou semblait se décoller et ses cheveux paraissaient n'avoir plus de vie. Ses yeux bleus interrogateurs exprimaient un sentiment d'angoisse et de lassitude qui navrait. — Eh bien, dit-il après m'avoir embrassé, vous regardez mes études!... Quand on les verra chez George Petit, on se dira que le petit Bastien savait aussi faire du paysage, quand il voulait s'en donner la peine!... — Comme je lui confiais que son absence prolongée du matin avait inquiété sa mère, il ajouta tout bas en m'emmenant dans un coin de l'atelier : — Quand on va entreprendre un voyage aussi lointain, il faut prendre ses précautions.... J'ai voulu mettre mes affaires en ordres.... Pauvre petite mère, reprit-il, elle a été bien vaillante!... Elle passait là-bas des nuits entières à me frictionner pour mes rhumatismes, et je lui laissais croire que cela me soulageait.... Enfin, le soleil d'Alger me guérira peut-être!... — Il avait des alternatives d'espoir et de découragement. Pendant le déjeuner, il se remonta un peu. Nous devions partir pour l'Espagne à la fin de mars; il nous pressait de changer notre itinéraire et de venir le retrouver à Alger. Nous finîmes par le lui promettre à demi; on se secouait pour paraître gai, on choquait les verres en buvant à l'espoir d'une réunion prochaine, mais chacun avait la gorge serrée et se détournait pour ne pas montrer à l'autre ses yeux mouillés.... Je quittai la maison de la rue Legendre avec le cœur plein de tristes pressentiments.

Jules partit le même soir pour Marseille. La traversée s'effectua dans de bonnes conditions, et sa première lettre, datée du 17 mars, nous rassura un peu :

« Mes chers amis, il n'y a pas à *tergiverser*, il faut venir pour mille raisons. Nous sommes ici comme au mois de mai à Paris. Tout est en fleurs, **et quelles** fleurs! — par monceaux, partout éparpillées. — Des verdures tendres, grises, et comme des taches **toujours** bien placées, des silhouettes pittoresques **et imprévues**, des arbres verts très foncés. Au milieu de tout cela, sur les chemins, des Arabes étonnants de calme, de beau maintien, sous leurs draperies couleur de terre et de cendre, — des loqueteux fiers comme des rois, mieux drapés que Talma. Tous ont le burnous et la chemise; pas un qui ressemble à l'autre. Il semble que chacun d'eux, à tout moment, donne à son vêtement par la façon de le draper, la situation de sa pensée. — C'est encore le triomphe de la bête vérité sur l'arrangement et le convenu. Le triste, qu'il le veuille ou non, malgré lui, n'est pas drapé comme le gai. — La beauté, j'en suis convaincu, est fatalement l'exacte vérité : ni à droite ni à gauche, mais dans le mille.

« Tout cela ne vous dit pas que nous sommes prêts à être installés. Nous avons loué à Mustapha-Supérieur une maison moitié arabe, moitié française, toute peinte à la chaux, blanche, avec une cour intérieure ouverte sur un jardin deux fois grand comme celui de Damvillers, rempli d'herbes, d'orangers, de citronniers, d'amandiers, de figuiers et d'une quantité d'autres arbres dont j'ignore et ignorerai toujours probablement les noms; — tout cela non arrangé en parc, mais laissé un peu à la diable, comme le jardin de chez nous. — Puis nous avons le droit de promenade dans un jardin magnifique, tout rempli de fleurs, en contre-bas du nôtre. Nous avons au moins huit chambres, et en les comptant j'ai pensé à vous. — De tous côtés rayonnent, autour de cette maison, des promenades magnifiques à portée des jambes malades; enfin le paradis de Mahomet..., moins les femmes !...

« Je ne vous ai rien dit encore de la Kasbah, la vieille ville arabe, — mes jambes ne m'ont encore permis de la voir que de loin; mais, mon cher ami, imaginez que, dans un ciel d'aurore, vous ayez découpé, tantôt dans le rose le plus pâle, tantôt dans le gris argenté, tantôt dans le bleu pâli, et ainsi dans chaque partie du ciel couleur de perle, des rectangles plus ou moins allongés, et que vous les ayez placés à peu près au hasard, horizontalement toujours, mais de manière à couvrir une silhouette de belles collines, — et vous aurez la tendre couleur de la vieille ville. On ne devine une ville et des habitations, tant la délicatesse des tons est grande, qu'aux petits trous des fenêtres rares, percées ça et là. On ne peut pas avoir de sensation plus inattendue et jamais de joie plus douce et plus fine. — De sorte qu'il faut que vous veniez; maman y compte, et moi donc !... Que de choses nouvelles encore vous pourrez dire de tout cela! La mer était très belle, au commencement et à la fin de notre traversée. Au milieu, quelques passagers ont un peu souffert : maman et Félix étaient du nombre. Ils en ont été quittes pour dormir. Vingt heures ont suffi pour passer l'eau, et nous n'étions pas fatigués à l'arrivée. Allons, hop! en route !... De maman et de moi, une bonne embrassade. »

Sa première lettre, comme on le voit, était pleine d'entrain. Le climat de l'Algérie lui avait d'abord fait du bien, et ses douleurs semblaient s'être apaisées.

« Je me prépare bravement au supplice du feu (avril, lettre à Ch. Baude); puissent mes rhumatismes s'envoler et fuir devant cette attaque prochaine du soleil! Car s'il fait chaud ici, c'est encore très supportable. — En dehors de ces calculs de chaleur, de ces expériences de santé, je suis content, excité même de tout ce que j'ai vu, et cependant je n'ai rien vu encore que ce que peut voir un commis voyageur affairé au placement de sa marchandise. Mes yeux et mon cœur ne sont pas les mêmes que les siens, voilà tout; mais cela a suffi à de bien bonnes sensations…. Ce qui reste de la vieille ville arabe est merveilleux, au point que le souffle demeure en suspens, quand à un brusque détour le ravissement apparaît. — Pour des yeux misérables de peintres à tons de palette, c'est blanc; mais imagine une colline de forme allongée, assez élevée et affaissée vers le milieu, modelant ainsi une combe qui descend vers la mer, et cette colline toute couverte de cubes allongés ou plus élevés, mais dont on ne distingue pas l'épaisseur; tout cela restant insaisissable à l'œil ravi du ton clair, rose, verdâtre, bleu pâle, faisant un ensemble blanc, teinté de saumon. — Si on ne le sait pas d'avance, on ne peut pas se douter qu'entre ces cubes de plâtre, marchent, dorment ou causent, sans un geste, des milliers d'hommes à l'allure noble, fière, résignée, avec quelque chose qui ressemble à de l'indifférence ou du mépris pour nous. — Comme ils ont raison! Ils sont beaux, nous sommes laids. — Qu'importe pour moi qu'ils soient fourbes? Ils sont beaux?... Hier, je suis allé prendre un bain; j'ai dû faire trois ou quatre cents pas dans des rues remplies de marchands. Dans un passage, un juif vendait des soies, des perles, des coraux; devant sa boutique, pas large de deux mètres, trois Arabes étaient installés : un vieux, un autre d'âge moyen, le troisième pouvait avoir dix-sept ans. Ils étaient là, assis, attentifs, calmes, désireux d'acheter, se concertant, faisant à peine un geste de leurs mains toujours allongées de quatre doigts, tranquillement assis, ne se pressant pas, réfléchissant énormément, ayant toujours, bien enveloppés du burnous, des poses attendries et douces. — Le plus jeune était superbe, si beau que maman en était frappée. — On dirait de belles statues, disait-elle. — Je n'ai pas pu comprendre la scène et les relations qui unissaient les trois Arabes. — L'évidence est qu'ils étaient venus pour acheter, ils étaient descendus du haut de leur ville. — Ils étaient pauvres, car le plus jeune était en haillons, et les burnous des autres, sans être déchirés, étaient très usés, mais ils mettaient un tel soin à compter de petits morceaux de faux corail, qu'on voyait facilement que le juif leur vendait cher, à ces grands enfants, une chose sans valeur.

« Celui qui était d'âge moyen comptait sur la table, la main à plat, par groupes de cinq, les petits morceaux de corail qu'il choisissait en les comptant, ajoutant ainsi à chaque fois cinq morceaux au tas qu'il tirait à lui. Ce qui frappe, c'est cette couleur simple, ces plis magnifiques et cet enfantillage sérieux, car ils ont dû rester plus d'une heure à choisir ce qu'il fallait pour un collier. Je n'ai pas pu attendre la fin de la scène.... Il faisait dans ce passage trop de fraîcheur et de courants d'air qui m'ont ramené à la réalité de mes jambes détraquées. Je me réjouis du moment où je serai un homme; quelles belles choses je verrai et peut-être je pourrai faire!... »

« 23 avril (au même). Tu sais, ce coup-ci je me prends par l'oreille et je m'entraîne près du papier à lettre et de tout ce qu'il faut. — Rien ne manque, ni les mille choses que j'ai à te dire, ni surtout la bonne tendresse affectueuse qu'il y a au bon coin pour toi.

« Émile affirme que tu viendras, et bientôt; sois tranquille, rien de toi ne *claquera* au soleil chaud. Il y a dans le jardin des endroits frais où l'on peut s'étendre, avec, à ses pieds, un paysage magnifique.

« Nous n'avons revu la chaleur que depuis hier, tu verras combien tu la trouveras bienfaisante, tes nerfs se distendront, et tu t'en reviendras gaillard. — Si je peux, nous ferons ensemble quelques excursions; dans tous les cas, j'ai autour de moi tout ce qu'il faut pour t'en faire faire.

« Par Émile tu sais que j'ai vu Blidah, et ce petit voyage, que j'avais d'abord supporté, m'a quelque peu fatigué. Je vais recommencer à me reposer et à aller piano, afin d'essayer d'aller longtemps. — J'ai à peine travailloté jusqu'à présent, car je ne me sens pas encore de taille à rester longtemps dans la même position d'un peintre qui ne songe qu'à son travail. »

La santé espérée et si impatiemment attendue ne revenait pas. Au contraire, à mesure que la chaleur s'accentuait, Jules sentait plus de malaise et plus de fatigue. La dernière lettre qu'il m'écrivit me parvint à Grenade, dans cet hôtel des *Siete Suelos*, qu'avaient habité Fortuny et Henri Regnault. Elle était imprégnée d'un sentiment de mélancolie attendrie et un peu découragée :

« Mes bons amis, comme c'est gentil ! nous recevons vos photographies, c'est trop de joie

d'un coup avec cette bonne et affectueuse lettre.
— Je vous sais gré d'aller en Espagne. Veinards, va !... moi qui voudrais tant voir une course de taureaux !... Vous n'aviez pas assez de temps pour venir, et au fond, c'était de l'égoïsme que de vous dire de venir. Vous n'auriez pu rester que quelques jours, mais c'est à refaire, quand je ne serai plus cul-de-jatte, et que nous aurons deux mois devant nous. — Nous sommes admirablement installés. En ce moment, je vous écris sous la tente dressée dans la cour en terrasse de notre villa; avec un émerveillement de paysage dans l'œil. — Placés un peu sur la gauche d'un demi-cirque formé par les coteaux de Mustapha, à 170 mètres au-dessus de la mer, qui rase le bas des coteaux, nous avons à chaque heure du jour un paysage différent, car les versants des coteaux sont très ravinés, et le soleil, selon le moment, en met les pentes dans la lumière ou dans une ombre bien tamisée, toute particulière à ce coin de l'Afrique.
— Les petites villas étincelantes sous le soleil ou pâlies dans l'ombre, picotent au hasard les

massifs de verdure, qui semblent de loin une broderie épaisse avec des saillies de verts harmonieusement assemblées. — Tout cela descend, dégringole vers le golfe d'Alger, et, s'éloignant de nous, forme le cap Matifou. Au dessus, les crêtes du petit Atlas, loin perdues dans le bleu, et tout près de nous, les jardins en pentes qui dévalent entraînant leurs masses de verdures argentées ou dorées, selon qu'on regarde l'olivier ou l'eucalyptus. — Ajoutez le parfum des orangers et des citronniers, le plaisir de vous dire que je vous embrasse tous les trois, *Tristan compris*, celui de *croire* que je vais un peu mieux, et vous aurez l'état de mon cœur. — Amusez-vous bien, et vous, mon cher forestier, avec vos yeux de Tolède, qu'allez vous pondre de beau après cet enchantement de soleil et de bonnes tendresses qui vous accompagnent, et cette bonne affection du charmant trio que vous faites?.. Il me semble que j'ai le cœur et la voix pour faire un quatuor, — dites! — Ah! ce sera après les rhumatismes!... Bonnes amitiés de maman et de moi. Une dernière embrassade à tous les trois. »

Le mieux qui s'était produit lors de l'arrivée à Alger cessa vers la fin d'avril. Les forces et l'appétit s'en allaient graduellement; à la fin de mai, on se décida à ramener le malade en France. Il se réinstalla rue Legendre, avec la pauvre petite mère, qui ne le quitta plus. Lorsque je le revis, je fus épouvanté des progrès de la maladie. L'amaigrissement était devenu tel que mon malheureux ami flottait maintenant dans les vêtemens qu'il s'était fait faire pour le voyage. Ses jambes lui refusaient le service et il ne pouvait plus travailler. Cependant il avait conservé un peu d'espoir; il venait de commencer une nouvelle médication et il parlait de partir pour la Bretagne, « dès que ses forces seraient revenues. » On le promenait en voiture, chaque jour, au Bois, quand le temps était beau. Il passait le reste de ses journées, pelotonné dans un coin de son atelier, occupé à contempler d'un regard navrant ses études accrochées au mur. Son inaction lui déchirait le cœur. « Ah! s'écriait-il, si l'on me disait : On va te couper les deux jambes, mais tu pourras de nouveau peindre, j'en ferais volontiers le sacrifice.... » Il ne pouvait plus dormir qu'à l'aide de piqûres de morphine, et il attendait avec impatience l'heure où une nouvelle piqûre lui procurerait, avec un assoupissement factice, le soulagement et l'oubli de ses misères. A mesure que son estomac s'assimilait plus difficilement la nourriture, son appétit devenait plus capricieux. Il demandait qu'on lui confectionnât des mets qui lui rappelassent la cuisine de son village : des grenouilles, des soupes au lard, des potées aux choux; — puis quand on les lui servait, le dégoût le prenait avant la première bouchée. — « Non, disait-il en repoussant son assiette, ce n'est pas cela; pour que ce fût bon, il faudrait pouvoir le manger là-bas, apprêté par les gens de Damvillers, avec les légumes et le lard de chez nous! » Et tandis qu'il parlait, on devinait dans ses yeux humides une subite et douloureuse évocation des impressions d'autrefois; il revoyait tout d'un coup la maison paternelle, les potagers et les vergers de Damvillers à la tombée du crépuscule, les calmes intérieurs du village à l'heure où les feux s'allument pour le repas du soir....

Plus la saison s'avançait et plus ses forces diminuaient. En septembre, son frère était obligé de le prendre sur son dos pour le descendre jusqu'à la voiture qui le promenait lentement pendant une heure à travers les avenues du Bois. Il ne pouvait plus lire et supportait difficilement une longue conversation. Ses nerfs étaient devenus très irritables et les odeurs les plus légères affectaient désagréablement son odorat. Son courage paraissait l'avoir abandonné et en même temps il était constamment préoccupé de savoir ce que les autres pensaient de sa maladie. Ses yeux bleus au regard si pénétrant fouillaient anxieusement les yeux de ses amis, ainsi que ceux de sa mère, jour et nuit assise auprès de lui. L'héroïque petite femme dissimulait de son mieux et demeurait toujours souriante, affectant une bonne humeur et une confiance qui faisaient mal à voir, puis, quand elle pouvait s'échapper une minute, elle courait fondre en larmes dans la pièce voisine.

Ainsi pendant des mois, se prolongea cette

cruelle agonie. Bastien n'était plus que l'ombre de lui-même. Le 9 décembre, il resta pendant une bonne partie de la nuit occupé à causer de Damvillers avec sa mère et son frère. Puis, vers quatre heures du matin, il leur dit en les embrassant : « Allons, voici l'heure où les enfants vont se coucher. » Tous trois s'endormirent. Deux heures après, Mme Bastien fut réveillée par Jules, qui demandait à boire. Elle se leva, lui apporta une tasse de tisane et fut effrayée en constatant que le malade tâtonnait pour porter la tasse à ses lèvres. Il ne voyait déjà plus; mais il parlait encore et plaisantait même sur la difficulté qu'il avait à remuer ses jambes. Peu après, il s'assoupit et, glissant lentement du sommeil dans la mort, il expira le 10 décembre 1884, à six heures du soir.

Je le vis le lendemain, couché sur son lit mortuaire au milieu d'une épaisse jonchée de fleurs. Sa pauvre figure émaciée, avec des orbites profondément creusées et sans regard, le faisait ressembler à un de ces christs espagnols taillés farouchement dans le bois par

Montañez. Le 12 décembre, un long cortège d'amis et d'admirateurs conduisit son cercueil jusqu'à la gare de l'Est, où un fourgon devait l'emmener dans la Meuse.

Le lendemain dimanche, toute la population de Damvillers attendait à l'entrée du bourg la funèbre voiture qui ramenait Bastien-Lepage au pays natal. Le triste convoi s'avançait lentement sur cette route de Verdun où le peintre aimait à se promener au crépuscule, en causant avec ses amis. Un pâle brouillard noyait ces collines et ces bois dont il avait tant de fois reproduit les contours familiers. Le cortège s'arrêta devant la petite église d'où il avait rêvé de faire descendre son *Enterrement de jeune fille*. La matinée était pluvieuse. Les couronnes et les gerbes de fleurs, déposées la veille autour du cercueil, s'étaient ravivées et rafraîchies sous la bruine; lorsqu'on les amoncela sur la terre de la fosse, elles semblèrent s'épanouir une seconde fois et envoyer avec leurs parfums renouvelés un dernier adieu de Paris au peintre des paysans de la Meuse.

VI

Le 17 mars dernier, à l'hôtel de Chimay, devenu une dépendance de l'École des beaux-arts, s'est ouverte l'exposition des œuvres de celui que nous avions surnommé *le Primitif*. Toutes les toiles de Bastien, à l'exception de la *Jeanne d'Arc*, s'y trouvaient réunies. En visitant cette exposition, les esprits les plus prévenus ont été frappés de la souplesse, de la fécondité et de la puissance du talent de ce peintre enlevé à l'âge de trente-six ans. — Pour la première fois on pouvait juger l'ensemble de cette production si variée et si originale. On pouvait étudier dans ses détails ce labeur d'artiste convaincu et consciencieux; suivre l'exécution de chaque composition comme on suit le développement d'une belle plante; d'abord dans les dessins si purs, si sobres et si expressifs, puis dans les esquisses si sincères, et enfin dans le tableau achevé et harmonieusement lumineux. A côté des grandes toiles des *Foins*, de la *Saison d'octobre*, du *Mendiant*, du *Père Jacques* et de l'*Amour au village*, pareilles à des fenêtres ouvertes sur la vie elle-même, on admirait cette salle des petits portraits où l'observation physiologique la plus pénétrante s'unit à l'exécution la plus savante, la plus précise et la plus délicate. Le regard charmé allait de ces intérieurs dignes des Hollandais, comme la *Forge* et la *Lessive*, à ces paysages imprégnés de l'odeur des champs et des bois, tels que le *Vieux Gueux*, les *Vendanges*, la *Prairie*, la *Mare*, les *Blés mûrs*, — ou pleins d'air et de mouvement, comme le *Pont de Londres* et *la Tamise*; — puis il s'arrêtait ému en face de la *Petite fille allant à l'école* ou de cette poétique idylle qui s'appelle le *Soir au village*. — Dans cette exposition contenant plus de deux cents toiles et de cent dessins, rien de banal, ni d'indifférent. Les moindres ébauches intéressaient parce qu'elles révélaient le culte passionné de ce qui est simple et naturel, la haine de l'à-peu-près et du convenu, l'effort incesssant de l'artiste vers son idéal, qui est la vérité. Il se dégageait de cet ensemble un poésie saine et robuste. On sortait de l'hôtel de Chimay avec ce sentiment de joie réconfortante que donne la contemplation de certains aspects de la nature : — les grands bois, les eaux limpides, les cieux clairs d'une belle matinée d'été.

Malheureusement à cette joie de l'esprit se mêlait la douloureuse pensée de la disparition soudaine du jeune maître qui a exécuté tant de belles œuvres. En entrant pour la première fois dans les salles réservées à ses tableaux, je suis resté longtemps sous une impression que j'avais déjà subie à l'exposition des œuvres d'une artiste de grand talent, Mlle Bashkirtseff, fauchée comme Bastien et en même temps que lui, en pleine jeunesse. Il me semblait que cette cruelle mort n'était qu'un mauvais rêve. En revoyant ces esquisses inachevées, ces portraits si parfaits, ces toiles que j'avais vu peindre l'une après l'autre, je croyais converser avec le peintre et l'ami qui avait créé tout cela; je me disais qu'il était vivant encore et en possession de toute sa force; je m'attendais à le voir à chaque instant apparaître au milieu de nous, souriant, heureux, fortifié par l'admiration maintenant unanime de la foule entassée devant son œuvre.... Hélas! au lieu de lui, mes yeux ne rencontraient que son portrait placé dans la première salle, et la funèbre éloquence des couronnes de fleurs, accrochées au cadre, me rappelait brusquement à la navrante réalité. — Le pauvre Primitif ne peindra plus. L'atelier de Damvillers, où nous avons passé de si bonnes heures, est clos pour jamais. Les paysans du bourg ne rencontreront plus leur compatriote le long des chemins où il travaillait en plein air. Les fleurs rustiques dont il aimait à décorer les premiers plans de ses tableaux, les chicorées bleues et les seneçons repousseront cet été au bord des champs, mais lui ne reviendra plus les étudier et les admirer.

Parmi les ébauches exposées à côté des grandes toiles, il y en avait une que j'avais déjà remarquée à Damvillers et que j'ai revue avec une poignante émotion. — Elle représente une vieille paysanne qui va dès l'aube dans son clos visiter son pommier en fleurs.

Les nuits d'avril sont perfides et les gelées blanches font des morsures mortelles; la vieille attire à elle une branche épanouie et inspecte d'un œil inquiet les désastres causés par les rayons pernicieux de la lune rousse. — Bastien-Lepage était pareil à cet arbre plein de sève et de promesses fleuries. Pendant plusieurs années le ciel lui a été clément et les fleurs ont donné des fruits nombreux et savoureux; puis, en une seule nuit une gelée meurtrière a tout détruit : les fleurs ouvertes par milliers et l'arbre lui-même. Il ne reste plus que les fruits robustes des saisons passées, mais de ceux-là du moins le monde goûtera longtemps l'exquise saveur. Les choses vraiment belles ont une vitalité puissante, qui persiste à travers les siècles et plane au-dessus de la terre où vont dormir tour à tour les générations humaines, — et cette survivance des œuvres de l'esprit est peut-être encore la plus sûre immortalité sur laquelle l'homme puisse compter.

Mars 1885.

cher ami Theuriet.

Je suis arrivé depuis deux jours et je ne vous ai pas encore serré la main ; je voudrais pourtant bien vous dire tout le plaisir que vous avez fait aux parents, et aussi tous mes compliments sur leurs portraits. — Quand la Revue est arrivée on ne faisait pas le livre, on se l'arrachait, on le lisait par dessus l'épaule de l'autre. —

Je m'efforcerai je vous assure de mériter le surnom de Trémily. —
Bravo ! pour la Chanson de la bouteille, bravo pour la page ensoleillée du Sermon de l'Evêque, le grand ci-
voli

Comme c'est bien cela — bravo ! pour
les paysages. mais quoi vous en
dire. Si ce n'est qu'il me semblé
recommencer le voyage.

Et comme c'est toujours bien le
bon ami Fislié, qu'il soit Joseph
Oullant ou Tristan, quelle
sympathique nature que ce
garçon là.

En somme j'ai eu autant de
plaisir à lire la Charrette du
jardinier que j'en aurai à vous
aller voir.

Une bonne poignée de main
d'art et de cœur

J. Bastien Lepage.

12399. — IMPRIMERIE A. LAHURE
Rue de Fleurus, 9, à Paris.

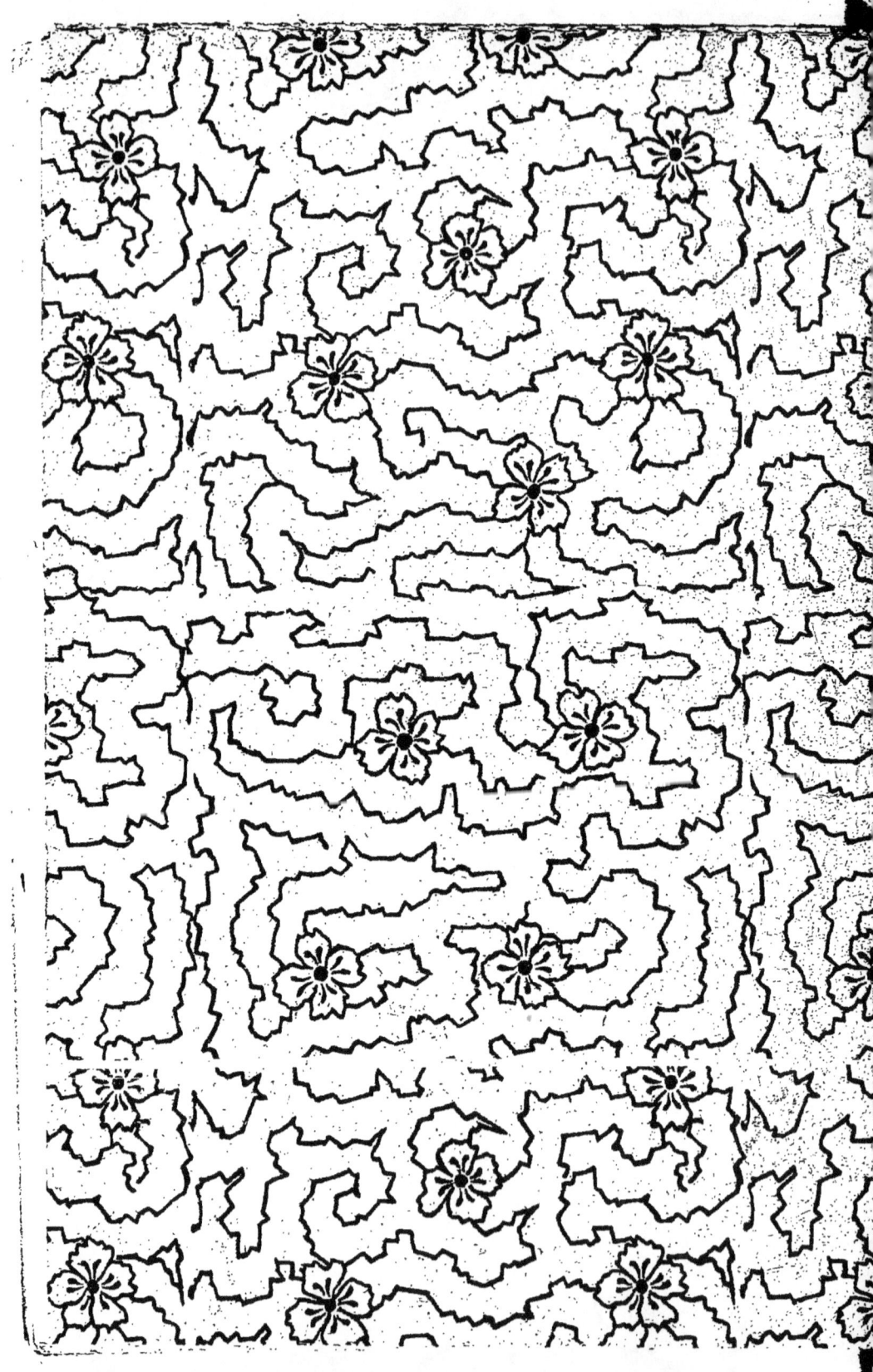

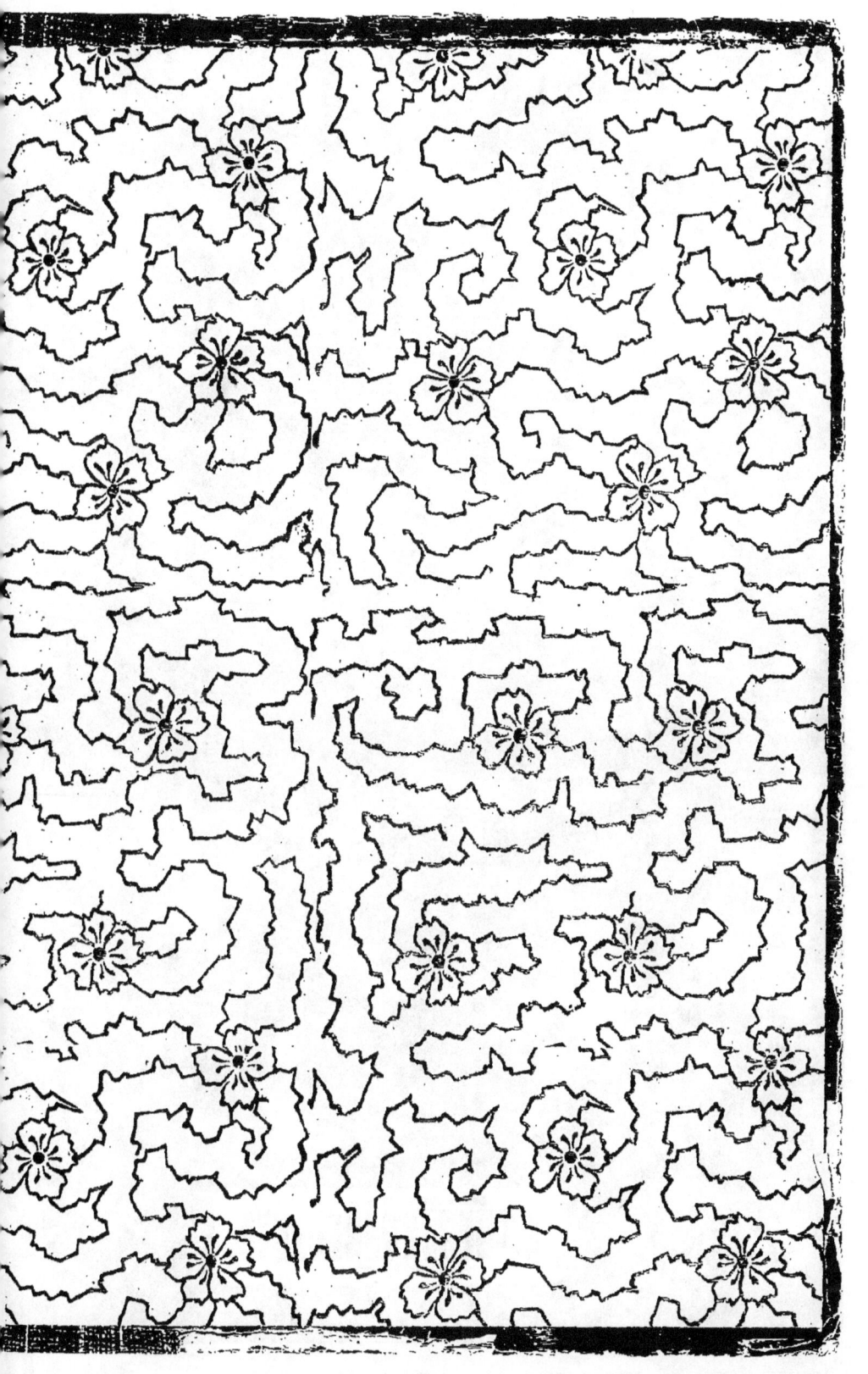

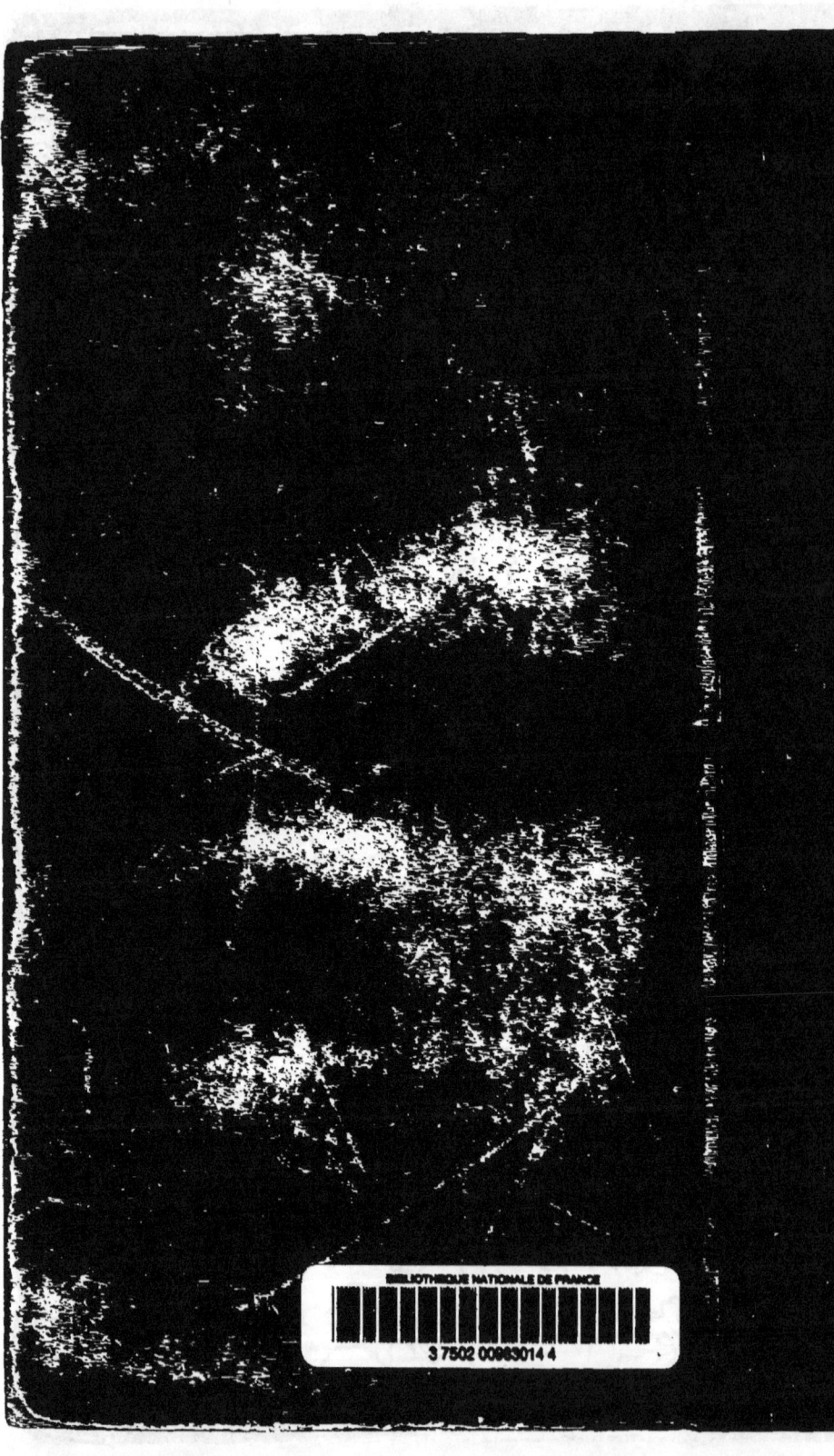

www.ingramcontent.com/pod-product-compliance
Lightning Source LLC
Chambersburg PA
CBHW070300100426
42743CB00011B/2276